MIRA LA MUERTE A LOS OJOS

Vajiramedhi Wudhijaya

Ediciones Amara. Ciutadella de Menorca

Publicado por vez primera en 2010
por Ediciones Amara. Ciutadella de Menorca.

Título original: *Looking death in the eye*

© de Amarin Publishing
© de esta traducción 2010 Shanti Gordi
© Coordinador de la traducción: Isidro Gordi
© Diseño de la portada: Federica Mahieu

ISBN de la obra: 978-84-95094-38-4 / 84-95094-38-x
Depósito Legal: ME. 167-2010
Editorial Rotger – 07750 Ferreries. Menorca
www.rotgersl.com

ÍNDICE

Todos vamos morir algún día. Suena despiadado, pero es un hecho cruel y rotundo, cierto al cien por cien, innegable, inevitable y que va a ocurrir forzosamente.

Durante años, los pueblos han intentado, en vano, inventar el elixir de la vida, una poción capaz de prolongar la existencia del individuo cientos o miles de años. Sin embargo, nadie jamás ha logrado salir victorioso en dicho afán. A pesar del progreso y de los avances tecnológicos, nadie ha podido vencer a la muerte.

Es así porque la muerte es un hecho natural. Fiel al canon de las tres características de la existencia (es decir. impermanencia, insatisfacción y ausencia de un yo sólido) que afirma que todo lo que empieza llega a su fin. El nacimiento va, codo con codo, unido a la muerte, el germinar con la extinción, la existencia con la no-existencia. Esta es la naturaleza de todas las cosas.

En los libros y en la ficción abundan los personajes que logran la inmortalidad. Esta tendencia solo viene a confirmar el deseo humano de vivir el mayor tiempo posible. El ser humano no quiere enfrentarse a la separación, a la pérdida o a la muerte. Los personajes que la trascienden solo están en los libros o en las fábulas, nunca en la realidad.

Es, simplemente, porque va en contra de la naturaleza de las cosas, que surgen y cesan.

Mira la muerte a los ojos describe cómo reconocer la naturaleza de la muerte, viéndola como un paso progresivo o un cambio en la vida que uno no debe temer. No hay necesidad de escapar porque es algo inherente en nosotros desde el día en que nacemos. Libres del temor a la muerte seríamos mucho más capaces de hacer el bien en la vida.

Esta colección se titula "Dhamma en el Aire" y se compone de transcripciones de enseñanzas y conferencias del autor, recopiladas y editadas para una mejor lectura. Recoge tres temas: *Comprender la naturaleza de todas las cosas, Mira la muerte a los ojos* y *Hasta que la muerte nos separe*. Los dos primeros fueron reunidos durante las enseñanzas dadas en la Asociación de jóvenes budistas de Tailandia, bajo los augurios del *Royal Patronage*, el dia 1 y el 29 de mayo del 2005. El último recoge la conferencia pronunciada en la sala de convenciones del parque de la corporación Amarin, de *Amarin Printing y Publishing Public Company Limited*, el dia 11 de enero de 2005, justo después del tsunami que afectó a seis provincias del sur de Tailandia.

Las tres ponencias describen con detalle el tema de la muerte. Leyéndolas os daréis cuenta de que el autor no tiene intención de atemorizar al lector, sino que su deseo es ayudarnos a extraer lo mejor de nuestras vidas, sin distracción ni desidia. Nos hace mirar a lo que nos rodea y lo utiliza como una lección para recordarnos cuan valioso es vivir. Es una lectura plácida, instructiva y educativa que nos hará más conscientes de la verdadera naturaleza de todas las cosas.

La constante conciencia de nuestra propia mortalidad hará que no le temamos a la muerte.

Publicaciones Amarin

INTRODUCCIÓN

La muerte es una palabra definitivamente rechazada por los que quieren escapar de ella a toda costa. En circunstancias normales, si alguien suelta la palabra durante una reunión social, él/ella no puede evitar que le miren con el ceño fruncido como si él/ella estuviese hablando con total falta de sensibilidad, fuera de tiempo o de lugar.

Para la gente laica, la muerte es considerada como algo muy siniestro y no debe ser mencionada nunca, a menos que sea totalmente inevitable. Así es como la mayoría de personas ve a la muerte, con desaprobación, con miedo, con hostilidad. Tal actitud hacia la muerte es totalmente contraria a la enseñanza budista, ya que el Buda instruyó a sus discípulos para que interactuaran con la muerte desde una actitud positiva. El Buda predicó que tener presente la muerte es favorable y beneficioso para vivir la vida. Él insistía firmemente en la necesidad de prácticar la contemplación de la muerte con tanta frecuencia como frecuente es nuestra "inspiración-espiración". Quienquiera que ponga en práctica esta conducta, es considerada una persona que trabaja su atención. ¿Por qué el Buda enseña a sus seguidores a mirar a la muerte a los ojos mientras el mundo entero parece querer mirar hacía otro lado?

¿Por qué el Buda aconseja a sus discípulos que contemplen la muerte constantemente, hasta el punto de presentar una práctica llamada *maranänusati bhävanä* (contemplación de la muerte) ¿Por qué, según el budismo, aprender sobre la muerte es considerada una de las actividades vitales más auspiciosas y un gran apoyo para vivir el presente? Estas preguntas esenciales encontrarán respuesta en este libro, un libro que nos reta a "mirar la muerte a los ojos".

COMPRENDER LA NATURALEZA DE LAS COSAS

Preámbulo para una constante conciencia de la muerte

La quintaesencia del *Sutra Pathama Maranassati* (el Génesis de la conciencia de la muerte), fuente de la lectura de hoy, aborda la pregunta formulada por el Buda a ocho monjes acerca de cómo habían logrado la conciencia de la muerte. Cada uno de los monjes habló sobre sus propios métodos para recapacitar sobre la muerte. Después de escucharlos, el Buda sintetizó todas sus explicaciones y expuso el medio más efectivo.

El contenido de la conversación entre Buda y los ocho monjes se revela aquí con detalle. El Buda preguntó a los ocho monjes cómo habían logrado la conciencia de la muerte y, respectivamente, contestaron del siguiente modo:

1. Constantemente pienso que puede que solo tengamos un día y una noche para vivir. Por lo cual, debemos apresurarnos a estudiar Tus enseñanzas para poder comprenderlas y ponerlas en práctica con esmero.
2. Constantemente pienso que puede que solo nos quede un día de vida. Por lo cual, debemos apresurarnos a estudiar Tus enseñanzas para así poder comprenderlas y ponerlas en práctica con esmero.
3. Constantemente pienso que puede que solo nos quede medio día de vida. Por lo cual, debemos apresurarnos a estudiar Tus enseñanzas para así poder comprenderlas y ponerlas en práctica con esmero.
4. Constantemente pienso que puede que solo nos quede el tiempo que dura una comida, y solo tendremos una comida más. Por lo cual, debemos apresurarnos a estudiar Tus enseñanzas para así poder comprenderlas y ponerlas en práctica con esmero.

5. Constantemente pienso que puede que solo nos quede el tiempo de vida que dura media comida. (Media comida significa que podemos morir mientras comemos, probablemente ahogándonos con el arroz.) Con lo cual, debemos apresurarnos a estudiar Tus enseñanzas para así poder comprenderlas y ponerlas en práctica con esmero.

6. Constantemente pienso que puede que vivamos lo justo para dar cinco o seis bocados a nuestra comida. Por lo cual, debemos apresurarnos a estudiar Tus enseñanzas para así poder comprenderlas y ponerlas en práctica con esmero.

7. Constantemente pienso que puede que vivamos lo justo para dar solo un bocado a nuestra comida. Por lo cual, debemos apresurarnos a estudiar Tus enseñanzas para así poder comprenderlas y ponerlas en práctica con esmero.

8. Constantemente pienso que puede que vivamos lo justo para volver a inspirar y espirar. Por lo cual, debemos apresurarnos a estudiar Tus enseñanzas para así poder comprenderlas y ponerlas en práctica con esmero.

Reuniendo todos estos pensamientos sobre la contemplación de la muerte, el Iluminado manifestó su conclusión y dijo que, de los ocho monjes, los seis primeros todavía estaban demasiado afectados por la negligencia y la falta de atención. Sus medios seguían siendo ligeramente contemplados, es decir, seguían descuidando la mortalidad.

Los pensamientos expresados por los monjes séptimo y octavo eran aceptables, eran más eficaces para lograr los mejores resultados. Si tenemos en cuenta que contemplar la muerte cada mañana y cada noche, hacerlo una vez al día, en mitad de la jornada, durante una comida, en mitad de la comida o a cada cuatro o cinco bocados a lo largo de una comida, es reprochado por el Buda porque implica falta de atención, ¿qué decir de toda aquella gente laica que no ha pensado en la muerte ni una sola vez en años? ¿Cómo serán de descuidados?

La sociedad tailandesa está siendo infame por su negligencia y falta de atención. El pasado festival de Songkram Water, al cual le precedía una reputación de evento festivo y feliz, realmente se ha convertido en un festival penoso que festeja la falta de atención a gran escala, por así decirlo. Cada año, en el Songkran, trescientos o cuatrocientos tailandeses mueren y miles de ellos acaban heridos y mutilados. No hay otro país en el mundo cuyas gentes celebren tal record de muertes en masa en tiempo de festividad como el nuestro. La principal causa de esta tragedia, es la pasividad de los tailandeses que se comportan con negligencia y falta total de atención. Si a los parientes y amigos que vienen a despedirse antes de regresar a sus casas desde el Songkram, les digo que vayan con cuidado y conduzcan con precaución, escucharán de buen agrado mi consejo, pero si les propongo una constante conciencia de la muerte, me mirarán pensando que mi discurso es enfermizo hablándoles innecesariamente de la muerte, cuando, de hecho, estoy predicándoles el verdadero *dhamma,* solo que la mayoría no desean escucharlo. Observad lo que ocurre en cualquier reunión social, cuando alguien menciona la muerte. Todos fruncirán el ceño y mirarán de arriba abajo al que habla como si acabase de meter la pata y estuviese completamente fuera de lugar. A los tailandeses les inquieta mucho la mención de la muerte. Si no es en un funeral, debes abstenerte de hablar del tema. Sin embargo, según enseñó el Buda, la muerte es algo sobre lo que es conveniente conversar. Y no basta con limitarnos a hablar de ella a diario. Lo mejor es pensar en la muerte cada vez que respiramos, cada vez que entra y sale el aire de nuestros pulmones.

CONTEMPLAR LA MUERTE PUEDE DISUADIRNOS DE MALOS ACTOS

Debemos hablar de la muerte cada día y encontrar la ocasión para recordarnos con frecuencia unos a otros la importancia de ser conscientes: hoy podemos morir. Por lo tanto, lo que es bueno para uno debe de llevarse a cabo a toda prisa. A quienquiera que queramos, debemos hacerle conocedor de nuestro amor. Si no hemos cuidado de nuestros padres, debemos correr a hacerlo inmediatamente. Recordad la muerte dos veces al día, por la mañana y por la noche, del mismo modo que honráis la bandera nacional, y así, nosotros, los tailandeses seremos mejores personas, Tailandia será más limpia, menos corrupta. Hablar de la muerte os hará temerla, y el miedo a morir os hará avergonzaros del mal; sentir vergüenza frente al mal va a hacer que abandonéis las malas acciones. Si te retraes del mal, temeroso de realizar malas acciones, tu vida se volverá instantáneamente virtuosa.

¿Cuál es el medio más eficaz para contemplar la muerte? Voy a explicar cómo conseguir una firme conciencia de la muerte basada en el *Sutra Pathama Maranassati.*

Sin embargo, antes de profundizar específicamente en los métodos para contemplar la muerte, debemos comprender primero a qué nos referimos exactamente cuando hablamos de "conciencia de la muerte". El vocablo *Maranassati,* procede de la unión de dos palabras *marana* y *sati,* la primera significa muerte y la última conciencia o atención. Combinando ambas, el significado literal seria "conciencia o atención de la muerte".

No hace mucho, una noticia causó cierto alboroto en los medios de comunicación. Un paciente había estado enfermo, postrado en la cama durante muchos años. Una parte de su familia quería desconectar su sistema de apoyo vital, mientras que otra parte no lo permitía. Los médicos no supieron cómo reaccionar delante de la petición de eutanasia (es decir, el asesinato compasivo) por parte de los parientes que querían desconectarlo arguyendo que había vivido un calvario durante los últimos diez años, completamente indefenso, con apenas movilidad y siempre asistido por una máquina que respiraba por él. Era mejor tirar del cable y dejarle ir en paz, aliviando así la carga de su familia. Mientras tanto, la parte contraria decía: *No, no tenemos el derecho de decidir quien debe morir o vivir. La mortalidad es un asunto individual. ¿Cómo puede la familia decidir quien debe morir o vivir?* El problema fue llevado a los tribunales. Finalmente, el primer grupo ganó el caso, recibió el permiso para desconectar el sistema de apoyo vital y el hombre fue entregado a la muerte. Uno de los familiares declaró: *No conspiramos para matarle. Él ya había muerto años atrás.* El hecho de que siguiera respirando se producía gracias a la ciencia médica. Su cuerpo le había fallado mucho tiempo antes, ahora ya estaba muerto, estaba ido.

Este dilema de bio-ética se convertirá en un problema aun mayor para la humanidad en el siglo veintiuno. ¿Merecen morir los pacientes terminales si los médicos no tienen modo de tratarles? ¿Se les debe permitir morir por si mismos o deben aguantar artificialmente? ¿Quién puede decidir en estos casos? Tomad otro ejemplo. Una víctima de violación se queda embarazada contra su voluntad. Ella quiere poner fin al embarazo practicando un aborto porque no desea a ese bebé. Pregúntale a un monje y te dirá; *No, el aborto es igual al homicidio.* Pregúntale a un doctor o psicólogo y te dirán; *Sí, la mujer fue violada. Fue algo no consensuado y podría traumatizarla tremendamente cada vez que lo recuerde. Debemos calmar su ingente dolor para que pueda olvidar sus penas y tribulaciones.*

Si escucha al monje, esta mujer no puede abortar. Si escucha al doctor y al psicólogo, podrá hacerlo pero los militantes pro-vida no se lo permitirán. Y, ¿qué pasa con el bebé? Todavía no ha nacido, por lo tanto, es totalmente inocente. ¿Debe morir? Este problema es un rompecabezas. Los directores espirituales deberían actuar con responsabilidad e impedirlo, ya que el consentimiento conduce a un acto homicida. Cualquier monje budista que apoyara esta decisión estaría cometiendo una ofensa capital, con lo cual, debería ser obligado a dejar los hábitos.

Puede que algunos médicos aprueben esta acción mientras que otros estén en contra, es posible que un psicólogo diga "sí", y que un activista a favor de la vida insista en que "no", nadie tiene el derecho de decidir sobre otro ser humano sin su consentimiento. No estamos acreditados, apoyándonos en las opiniones de nuestro entorno, para determinar el destino de otro ser humano como si fuéramos Dios, olvidando preguntarle al bebé, todavía por nacer y a quien le pertenece su vida, si quiere vivir o morir. Dichos rompecabezas insolubles son llamados asuntos bio-éticos.

LOS MODOS DE LA MUERTE

La muerte, en el sentido médico de la palabra, es dificilísima de resolver. Echémosle un vistazo a la muerte desde el punto de vista del *dhamma* (espiritual/metafísico), que está incluso más cerca de nuestra existencia.

Estar muerto o *marana*, ¿qué determina este estado? La ciencia médica dice que si se ha producido la muerte cerebral, mostrando un encefalograma plano, podemos afirmar que la persona ha muerto. Pero según el *dhamma*, cuando quiera que cese la mente-espíritu, produciendose el último movimiento de la mente-espíritu del Ser para dar paso a una nueva mente-espíritu concebida; cuando la última mente-espíritu se disuelve y se forma la presente, habiendo sido interrumpida su vida, se poduce el así llamado *santati* (discontinuidad de la vida). Esto es la muerte. Naturalmente, la mente humana aparece y muere constantemente. Un ciclo de vida y muerte dura menos que la luz de un relámpago, y continúa fluyendo como el curso de un río. Esa continuidad es como el parpadeo de una bombilla. Lo que vemos cuando la bombilla está encendida es luz, sin embargo, esa luz no tiene existencia propia, solo es una corriente de rápidos parpadeos que emiten luz. Así pues, los impulsos electricos se transforman a si mismos en luz.

Como la electricidad, nuestra mente viaja a través de un ciclo ininterrumpido de nacimiento y muerte. Sin embargo, estos ciclos apenas son perceptibles y, excepto cuando se produzca el último de ellos, nuestra vida se perpetúa. Tan pronto como la última mente-espíritu es interrumpida, suspendida, se convierte en una concepción nueva. El cese de la última mente-espíritu se llama muerte. Esta es la descripción de la muerte en el sentido espiritual (*dhamma*). Cuando la mente-espíritu cesa, el cuerpo, por bello que sea, no vale nada. Alguien tan atractivo como Miss Universo se convertirá en un cadáver en el instante en que la mente-espíritu abandone su cuerpo. La persona alcanzará el estado llamado cese de la forma humana. Esta es una concepción significativa desde el punto de vista del *dhamma*. Es una indicación de lo que es válido y de lo que no lo es, de lo que es atractivo y de lo que no lo es. Eso significa que la belleza cautivadora no significa nada si no va acompañada de la mente-espíritu. Así pues, la mente-espíritu es de suma importancia. La muerte desde el punto de vista del *dhamma* se mide por la muerte de la mente-espíritu. Si la mente-espíritu abandona el cuerpo, éste deja de ser útil. Es lo que se llama *niratthamwa kalinggaram*, el cuerpo será como un tronco tirado en el bosque, totalmente inservible.

Considerando la forma en que se produce, cada muerte puede variar en su *modo*. No caemos muertos de repente, sino que la muerte de cada un individuo tiene su causa, su origen. Algunos mueren rodeados de una multitud que llora por ellos. Los gobiernos hacen ondear las banderas a media asta. Las gentes donan dinero para construir monumentos en su honor y les llevan montañas de flores. Mientras que otros mueren con alguien susurrando en su oído que debería haber muerto diez años antes. Incluso, si alguno de sus descendientes quieren construirle un mausoleo, se encuentran con una fuerte oposición. Algunos nacen, viven y mueren en el anonimato sin que el mundo haya oído jamás sus nombres, pero han existido en la faz de la Tierra.

Reflexionemos sobre lo siguiente. Un día muere un héroe nacional. Las banderas hondean en la mitad del mástil en su honor. Se erige un monumento en su memoria para que en la posteridad se siga su ejemplo. La muerte de otro hombre provoca injurias y blasfemias, se queman imágenes suyas al grito de que el mundo será mejor a partir de ahora. Sin embargo, otro nace, enferma y muere sin reconocimiento alguno. Estos son los modos de la muerte en un sentido mundano. Y, ¿qué muerte elegimos?

La primera es una muerte noble, este hombre nació para hacer el bien y después de morir será siempre recordado. La segunda es una muerte detestable porque el hombre nació para hacer el mal y murió condenado. La tercera es una muerte arbitraria, una muerte neutral en la cual la persona no tiene de que presumir ni de que avergonzarse. Sin embargo, estos tres modos de muerte existen en el mundo. ¿Cómo podemos elegir el modo de nuestra muerte para poder hacer que nuestra vida valga la pena? Espiritualmente, la muerte puede llegar de dos formas, la muerte oportuna (esperada) y la muerte prematura e imprevista.

La muerte oportuna o esperada puede ser, a su vez, de tres tipos. En primer lugar, la muerte causada por el cese de los méritos del pasado. En segundo lugar, la muerte causada por el cese de la edad natural y, por último, la muerte causada por el cese de ambos factores.

La muerte causada por el cese de los méritos pasados

Una persona puede tener buena salud, una buena familia, seguridad financiera, pero una mañana, cuando su mujer y sus hijos tratan de despertarle, le encuentran muerto en la cama. Esto se llama morir por el cese de los méritos pasados. Puede que alguién, tranquilamente sentado escuchando una homilía, se desplome de su silla y caiga muerto. O puede que esté cenando con su querida familia, rodeado de abundancia, riqueza y fortuna y, tras dar un par de bocados a la comida, se atragante y muera. Morir en tiempos felices, cuando uno es rico material, psíquica y socialmente, significa que los méritos pasados han llegado a su fin, como cuando lanzamos una piedra al cielo y, de manera natural, cae porque la fuerza de la propulsión se agota. Nada puede detener su caída. Si lanzamos una piedra al agua, sea cual sea su tamaño, grande como una caravana o pequeña como un grano de arena, la piedra no se quedará flotando en la superficie. La naturaleza de la piedra es hundirse en el agua, del mismo modo que la naturaleza del humo es elevarse en el aire.

Igualmente, mientras los méritos pasados que nos han traído al mundo todavía existan, nadie nos podrá "tocar". Como una pelota de ping-pong en un cubo lleno de agua, que no se hundirá por más que la empujemos hacia abajo. Cuando apartemos la mano, volverá a subir para flotar en la superficie. Lo mismo ocurre con una persona que tiene méritos acumulados, sean cuales sean los obstáculos que deba afrontar, será capaz superarlos. Pero, cuando sus méritos se agoten, la fuerza propulsora de los méritos se habrá acabado y, aunque esté sentado en un trono, será destronado. Aunque ocupe un sitio en el Gabinete, será destituido. Si duerme rodeado de tesoros y fortuna, morirá en la cama. Morir de este modo se llama morir por el cese de los méritos pasados, o muerte en medio de la felicidad, mientras todo sigue yendo bien.

La muerte por el cese de la edad natural

El Buda dice que los hombres, Él mismo incluido, han nacido en una era en la cual la vida humana alcanza un máximo de cien años o poco más. Cien años son la mayor expectativa de vida humana en esta era. En los tiempos de Buda, muchos de sus contemporáneos llegaban a los ciento veinte años como *Phra Maha Kasapa, Phra Ananda, Visaka Maha Upasika,* y quizás *Phra Dabbamallaputra* también alcanzará esta edad. Superar en veinte años los cien, es a lo más que se puede llegar. La gente que vive encaminándose a los cien, igual mueren a los noventa, noventa y cinco, cien, ciento cinco o ciento veinte, pero entrarían en la clasificación de muerte por el cese de la edad natural. Han vivido lo suficiente para desgastar completamente su cuerpo. Cada una de sus células está vieja y desgastada, no pueden durar más. La comida no se digiere. El estómago ha realizado su trabajo durante un siglo y necesita descansar de tanta comida digerida, no pueden siquiera eructar. Sus cerebros han retenido recuerdos durante tanto tiempo que se vuelve perezoso para evocarlos. Sufren ataques (apoplejías) y se les nubla la vista después de cien años utilizándola. Su tiempo ha concluido. Todas las células del cuerpo sucumben. Sin que nadie haga nada, éstas conspiran para cancelar el proceso vital y extinguirse a si mismas a través de causas naturales. La muerte bajo estas circunstancias se llama muerte por el cese de la edad natural.

La muerte por el cese de ambas cosas

Una persona puede haber gozado durante su vida de felicidad y la prosperidad, que constituyen el sueño del ser humano. A la edad de noventa o cien años, él o ella se han hecho viejos, están rodeados de muchos sirvientes, hijos y nietos. Como corresponde, ha llegado la hora de que dejen de vivir. Las generaciones más jóvenes no lloran demasiado porque el abuelo/a ha vivido felizmente con ellos durante mucho tiempo. Este modo se llama muerte por el cese de los méritos pasados y por la edad natural.

Vayamos a echar un vistazo a la muerte prematura o imprevista. Ocurre porque el *kamma* pasado ha irrumpido, a saber, nuestras acciones pasadas de haber matado, dañado o creado problemas a otros seres directa o indirectamente. La muerte prematura, es fácil de identificar. Es una muerte súbita, o accidental.

El *kamma* irrumpe, evidentemente, porque uno es negligente o descuidado. ¿Has notado que la mayoría de accidentes ocurren por una negligencia? ¿Te has dado cuenta alguna vez de dónde son más propensos a ocurrir los accidentes? No suceden en las curvas o en empinadas elevaciones del terreno, sino más bien en suaves rectas y carreteras bien asfaltadas, incluso en autopistas. Esto no tiene que ver con las condiciones de las carreteras, sino que ocurre porque uno se relaja y baja la guardia. En una curva junto a un precipicio, el conductor mantiene casi siempre

una máxima atención sobre sus ruedas. De aquí que raramente se precipiten al vacío por el acantilado, porque están
siendo muy conscientes. Pero en una larga recta, los buses
y los *pick-ups* con pasajeros a menudo tienen accidentes,
un año tras otro, porque la conducción es tan fácil que van
escuchando música y hablando por teléfono. De éste modo
se provocan más accidentes en una carretera suave que en
otra marcada por señales de peligro.

También en la vida, uno a menudo se descarría cuando es
complaciente. Los accidentes en la vida ocurren en tiempos
de negligencia. Algunos dirían: "Bueno tía, usted está bien.
Sus nietos cuidan bien de usted. Tiene una casa bonita, un
buen sitio para dormir, dispone de todos los servicios indispensables. Sus hijos y nietos la tratan con cariño. Usted
se baña con agua caliente o templada, como le gusta". Pero
de repente, un día, la anciana mujer tiene la intención de
bañarse en el lujoso cuarto de baño y resbala dentro de su
caro jacuzzi. O puede que camine por un suelo alfombrado,
pise el dobladillo de su vestido, tropiece y se rompa un brazo
o una pierna y le falle el corazón. Ciertamente, las cosas
que pueden llevarnos a la muerte suelen ser muy simples.
La mayoría de las veces, la muerte se presenta sin avisar. La
muerte ocurre inesperadamente.

Esta es la muerte prematura, resultado del *kamma* esen-
cial de la persona, al que se le suma el hecho de vivir con
negligencia en el presente

LA VIDA ES MÁS FRÁGIL QUE EL CRISTAL Y MÁS LIGERA QUE UNA PLUMA

Un buen día, estaba leyendo el periódico. Mientras movía las páginas para pasarlas, me corté con el borde de una hoja dando lugar a un episodio algo sangriento. Se me ocurrió en aquel momento que la muerte puede aparecer en cualquier instante y con mucha facilidad. La vida, puede afirmarse, es más frágil que el cristal y más ligera que una pluma. Es frágil porque se rompe cuando cae, y es ligera porque puede volar de nuestro cuerpo en cualquier instante. Así pues, Buda dijo: "La vida es como el rocío matutino. Nos levantamos y caminamos meditativos sobre una alfombra de césped. Vemos las brillantes gotas de rocío en lo alto de los brotes de hierba. Sin embargo, cuando regresamos más tarde, esas gotas han desaparecido sin dejar rastro".

La vida es como el burbujeo del agua que hierve en un caldero. Si colocas un wok sobre un hornillo y enciendes el fuego para freír atunes, cuando los echas están mojados, pero a la temperatura ideal, el agua del pescado se evapora y desaparece rápidamente. Así es la brevedad de la vida.

La vida es como la neblina que se eleva en la superficie de una carretera en un día soleado. A los ojos de un motorista que conduce durante el día, aparece como un enorme mar en la distancia, pero a medida que se acerca al lugar, la neblina desaparece. Así es la vida. No te aferres ni te enganches a tu juventud. En unos cuantos años, las patas de gallo aparecerán en tu cara. ¿No ves que la vida y el cuerpo están cambiando más rápido que la neblina danzante?

La vida es como una marca en la superficie del agua. Si metes un palo en el agua, verás que el agua se separa por la línea que has dibujado, pero tira del palo hacia arriba y en un parpadeo, el agua se fusiona sin dejar rastro. Así es la brevedad de la vida.

De aquí en adelante, vive una buena vida, sencilla y feliz, sean cuales sean las buenas acciones que quieras realizar, date prisa en llevarlas a cabo porque en un momento de despiste, tu vida se quebrará sin avisar. La vida es tan breve que la muerte puede llegar en cualquier momento, cuando menos te lo esperas.

La muerte inesperada ocurre porque el *kamma* irrumpe. Este tipo de *kamma* nos puede asaltar en cualquier momento, sin avisar. Algunas veces, puede dar un ligero aviso con antelación, otras no. Ejemplos de este caso se producen cuando los jóvenes sueñan con perder una muela o un colmillo. Dichos sueños suelen predecir una muerte en la familia. Una vez soñé que perdía una muela y mi madre murió poco después. Mas tarde, soñé que mudaba mis dientes frontales y mi hermano murió. Le comenté estos sueños al abad que vino a visitar Bangkok. Me dijo que él mismo había soñado que perdía sus muelas antes de que su madre cayera enferma y tuviera que ser hospitalizada. Le dije: Santidad, prepárate para lo peor, por favor. Una semana después de su marcha, ocurrió lo que yo le había pronosticado. Uno puede que se pregunte, ¿qué tienen que ver las muelas con los parientes? Los chinos dicen que las palabras muela y diente, en su idioma, también significan madre. Así pues, la pérdida de una muela es una señal que nos advierte del *kamma* pasado, a resultas del cual un familiar cercano será víctima de la mala suerte, de un modo u otro.

A veces las premoniciones *kammicas* (mas conocidas según la pronunciación sánscrita como "*kármicas*") revelan la definitiva separación de un ser querido, sin un velo simbólico que requiera interpretación alguna. Un ejemplo de ello fue relatado por uno de los presidentes más queridos de los Estados Unidos, Abraham Lincoln. Según la anécdota, la noche antes de ser asesinado en un teatro, soñó que estaba descendiendo por la escalera de su casa desde la tercera planta. Vio su propio ataúd en la sala de estar, en la planta de abajo. Cuándo se acercó para leer la inscripción del féretro y vio su propia fotografía, se despertó de golpe sobresaltado.

A la mañana siguiente, tomando café con sus hijos y su esposa, les contó que había soñado con su propio velatorio en el comedor de su casa. Aquella misma tarde fue a ver una obra de teatro, sin que nadie sospechase remotamente que el sueño iba a hacerse realidad. Mientras disfrutaba de la obra, Abraham Lincoln fue abatido por un criminal que surgió de la nada. A esto se le llama preaviso desde el estado del sueño.

A veces los presagios pueden aparecer en forma de premoniciones como que, de repente, a alguien se le antoje comer una carne sangrienta. Quizá un carnicero que ha matado indiscriminadamente se acuerde de los lamentos de los animales sacrificados e imite sus bramidos sin querer. Estas son premoniciones que aparecen como la advertencia de un destino inminente. La gente condenada puede tener premoniciones de un modo u otro, directas o indirectas.

Otro signo de advertencia lo hallamos en forma de presagios, como el de la mujer que ve la fotografía de su marido que está en la guerra, caer y hacerse añicos delante de ella. Dichos augurios se dan en todas las culturas alrededor del mundo, lo vemos reflejado en películas en las cuales los amantes son advertidos con acontecimientos poco auspiciosos de que la muerte está a punto de separarlos. Estos sucesos no ocurren si no hay una causa.

La muerte prematura ocasionada por el *kamma* que acorta la vida, de ningún modo puede ser provocada por otra persona. Solo uno mismo es responsable. Todo hombre recoge lo que ha sembrado. No pensemos que hemos sido maltratados por otros. En realidad, nosotros mismos somos la causa de nuestro destino. Todo aquello a lo que nos enfrentamos en esta vida, está conectado con nosotros directa o indirectamente. Nuestro *kamma* previo nos persigue mermando nuestra vida. He aquí un ejemplo: Un hombre, acompañado por su padre, iba en procesión para ser ordenado monje, aunque buscaba refugio en el mundo clerical por razones equivocadas, pues lo que quería era escapar de una persecución criminal. Su enemigo, que venía tras él, le disparó y cayó muerto vistiendo ropas sagradas. Otro hombre que también se encaminaba hacia el umbral de la sala de ordenación, fue cercenado por su *kamma*, le dio un ataque al corazón.

Un monje fue ascendido a un rango más elevado. Se preparó para la ceremonia y viajó hacia la capital para recibir su parafernalia eclesiástica, de la mano del Rey, al día siguiente. Murió repentinamente aquella misma noche.

Un joven acababa de graduarse, acababa de recibir las transcripciones de su historial académico. Pero, no permitió que sus padres compartieran con él aquel momento de orgullo, y se fue a celebrarlo solo, desde la tarde hasta la madrugada. Se emborrachó y se enzarzó en una pelea con la mesa colindante. Fue apuñalado hasta la muerte. Sus padres, que le habían dado estudios durante cuatro años, no habían podido compartir con él la satisfacción de su título. En lugar de eso, tuvieron que sufrir la muerte prematura y desafortunada de su hijo.

Un grupo de varios familiares había hecho el viaje para el gran día de la Graduación. De regreso a casa, sus coches volcaron en el río y una familia entera se ahogó sin tiempo de disfrutar del reciente buen *kamma*. Su *kamma* pasado cortó sus vidas instantáneamente. A esto se le llama muerte prematura por el *kamma* pasado.

La vida y la muerte están tenuemente separadas, tan solo hay un aliento entre ambas. La vida cuelga de un precario hilo de incertidumbre. Por este motivo, el Buda insiste en que uno necesita apoyarse en el arte de vivir bien. Una de las artes de vivir bien es contemplar la muerte. Así, recordando a menudo la muerte, puede que vivamos con más cuidado, más atentos, sin perdernos en placeres de diferente apariencia, ajenos al hecho de que la muerte puede llegar en cualquier momento para interrumpir nuestra respiración.

APRENDER SOBRE LA MUERTE

Habiendo abordado la naturaleza de la muerte, así como las causas de la misma, vayamos a considerar la mortalidad humana. Es un hecho que la muerte está tan cerca como la punta de nuestra nariz, ¿Cómo podemos contemplar la muerte? Cuando era joven, leí un poema cuyo contenido encontré fascinante y conmovedor, todavía me lo sé de memoria. Dice así:

> Si no ha llegado tu hora
> No conseguirán darte muerte, ni con las peores intenciones.
> Pero cuando ha llegado tu hora,
> Un simple mondadientes clavado en tus encías,
> Puede ser letal.

Cuando a uno le llega la hora de morir (indicando cualquiera de las causas de la muerte) deberá morir, quienquiera que sea, y tenga la posición que tenga en la vida. También atañe al hombre santo, la muerte no hace excepciones. Se cuenta la historia de un monje que fue un destacado predicador en el noreste, Estaba un día dando un discurso, sentado en su púlpito, cuándo se desplomó y murió allí mismo. Otro monje, un *sarikha* del norte, falleció mientras daba una conferencia, se desplomó en su podium, muriendo al instante. Así es el poder de la muerte, o el poder del *kamma,* que viene a arrebatar la vida de uno.

Cuando la muerte se acerca a ti, no valen argumentos como: "Espera, déjame sentarme primero a meditar, o déjame seguir respirando". Cuando estás profundamente inmerso en una vida licenciosa y la muerte te alcanza, no puedes protestar diciendo: "Espera, déjame hacer antes el bien para compensar". No es así como funciona. El Buda nos advirtió de que la amenaza de la muerte es como estar de pie, con grandes rocas rodando hacia nosotros desde todas las direcciones. Nosotros, humanos, estamos inmóviles en medio de un gran campo de fútbol, con cuatro rocas del tamaño de una casa abalanzándose hacia el centro desde todas las direcciones. Las rocas significan la muerte, si esta es nuestra situación, apostados en centro de un campo con semejantes rocas a punto de aplastarnos ¿tenemos alguna posibilidad de escapar de la muerte? ¡Imposible! Así pues, el Buda dijo:

ajjeva kiccamatappam ko jañña maranam suve:

Actuad hoy del mejor modo posible, puesto que nadie sabe si la muerte va a venir a su encuentro mañana mismo.

Este proverbio es precioso. Es uno de los significados de contemplar la muerte. Hemos aprendido de la naturaleza y de las causas de la muerte. Vayamos a echar un vistazo ahora a los medios de contemplar la muerte en nuestra vida diaria, para integrarla y comprenderla.

En cualquiera de las instituciones de formación a alto nivel en todo el mundo ¿ofrecen alguna asignatura o programa que enseñe a relacionarnos con la muerte? ¿Acaso los estudios de economía enseñan a tratar con la muerte? ¿Las ciencias políticas? ¿La ley? ¿El arte? Ninguno de ellos. Solo los estudios budistas te enseñan cómo ser, cómo vivir y cómo morir también. Los estudios budistas se pueden aplicar perfectamente al arte de vivir porque cubren cada faceta imaginable de la vida humana.

Al nacer, el Buda nos enseña *jatipi dukkha: nacer es sufrir.* Pero si uno sabe cómo afrontar el nacimiento, puede encontrar la felicidad. Cómo vivir, cómo ganarse la vida, cómo interactuar con la gente —todo está escrito en el *dhamma* de *Las seis direcciones.* Ante la muerte, nos muestra cómo traspasar está vida de un modo precioso, cómo morir de manera que uno se sienta digno de haber nacido humano, morir estimando el trance de morir, antes que la muerte en sí: todas estas cosas las enseñó el Buda.

Se trata del programa educativo más completo del mundo, puesto que lo enseña todo, desde el nacimiento hasta la muerte, desde el menor hasta el más importante de los tópicos.

Él nos instruye incluso para masticar una cantidad determinada de comida, aconsejándonos no llenar demasiado la boca para poder deglutir correctamente. Cuando recibimos caridad, Él nos instruye para que no estemos pendientes del cuenco de otro monje, sino del nuestro propio. Cuando hablamos, Él nos instruye para que hablemos solo sobre cosas buenas y de provecho, pues eso crea armonía y nos enriquece culturalmente. ¿Hay algo que no haya enseñado? El más claro de los programas educativos lo tenemos en las enseñanzas budistas.

La cualidad de tratar con cordura la muerte es un tema recurrente en toda su enseñanza. Cómo contemplar la muerte o cómo lograr una atención consciente de la muerte significa aprender sobre ella y comprenderla. El conocimiento de la muerte, o el estudio de la conciencia de la muerte es un programa de estudio necesario y que debería ser obligado para la humanidad, no solo para los budistas. Los tailandeses tenemos una habilidad especial para aprender de todo, menos de la muerte. Siempre es rechazada. Acudir a un funeral hoy día consiste solo en escuchar los cánticos fúnebres, tomar un aperitivo, poner una corona de flores en señal de pésame y despedirse de los anfitriones.

Pero, la muerte es algo que ocurre todo el tiempo y aparece en las portadas de los periódicos a diario. Coged un periódico cualquiera y veréis anunciada en primera página la muerte de alguien. Sin embargo, rara vez aprendemos de ello. Hacemos la vista gorda y los oídos sordos. Pasamos página rápidamente para evitar el tema y vamos directos a la sección de entretenimiento para ver qué estrella sale ese día y cómo están las celebridades. Este tipo de noticias ocupan los primeros planos para que podamos investigarlas preferentemente. Pasamos de largo ante las noticias de accidentes y muertes. Ojear la sección de entretenimiento nos proporciona tal alegría, tal felicidad…Es algo sobre lo que podemos cotillear, amplificar, hinchar el suceso hasta darle grandes proporciones, y luego discutir al respecto tomando partido. Raramente, las personas practican atención. Cuanto más ven, más descarriados andan. Cuanto más leen, menos comprenden el mundo y la vida.

Por eso, para alcanzar una verdadera conciencia sobre la muerte, necesitamos abrir nuestras mentes y aprender sobre la propia mortalidad, como del fenómeno natural de la vida que es.

NORMAS Y REGLAS
DE LA NATURALEZA DE LA VIDA

La naturaleza de las cosas, a las cuales llamo normas y reglas de la vida humana, se basa en cinco principios:

1. Todo el mundo debe envejecer en el curso del tiempo. Nadie puede evitar envejecer.
2. Todo el mundo debe sufrir enfermedades en el curso del tiempo. Nadie puede evitar la enfermedad.
3. Todo el mundo debe morir en el curso del tiempo. Nadie puede evitar la muerte.
4. Todo el mundo debe sufrir la separación de quien ama o de lo que ama en el curso del tiempo. Nadie puede evitar la separación.
5. Todo el mundo, independientemente de lo que haya hecho a lo largo de su vida, sea bueno o malo, será receptor de sus propios actos.

Estos cinco principios son inherentes a la naturaleza de las cosas que nos ocurren inevitablemente a todos. Si no vives en concordancia con el hecho de que estas cosas pasan, te quedarás sobrecogido, sufrirás angustia y ansiedad, te sentirás devastado, abatido y terriblemente desgraciado. El shock inmediato no será el único sufrimiento que te afligirá, también aparecerán los shocks posteriores al momento en que se produce. El grave incidente vendrá a tu memoria, una y otra vez y revivirás tu dolor. Así es como creas un círculo de sufrimiento. Te mueves en circulo alrededor del momento triste que debería acabar una vez ha pasado, pero que sigue renovándose en tu mente y retroalimentando tu angustia.

La gente que no comprende la naturaleza de las cosas está en una tremenda desventaja. Perderán en todos los frentes. Es bastante necio dejarse arrastrar por emociones que envenenan tu mente, ¡y sufrirlas una y otra vez! Ante una muerte súbita, alguien entrará en estado de shock, se desmayará, llorando y lamentándose. Tres días después, todavía no lo habrá superado. Un shock sumado a otro. ¡Oh, no. No puedo con ello! Nadie puede afirmar que la fuerza del mar, el tsunami, no le vaya a afectar otra vez. Si han sufrido un accidente automovilístico, prometerán no subirse a un coche en la vida. Los que han sufrido un accidente aéreo juran no volver a volar jamás. Esto se llama ser perseguido por un *shock postraumático.*

El señor del hogar lleva muerto diez años. Cada año, se le honra con una celebración. Cada vez que es realzado alguno de sus méritos, la señora de la casa llora profundamente pensando en el tiempo que estuvieron juntos y se siente devastada. Así es como los sufrimientos son recreados. El dolor ya pasó, pero lo revives una y otra vez. En el día que conmemoran su cremación, los hijos ven a su madre llorar desconsoladamente. Si hubiese un año en que la madre no llorase, parecería que algo anda mal. Así pues, la madre lo mantiene todo en su lugar llorando por apariencia. Esta es una tradición absurda que se perpetúa y educa en la cadena del sufrimiento incesante.

Así es, en efecto, la naturaleza de las cosas. Deberíamos aprenderlo y asimilarlo, prepararnos para poder tratar con las propias circunstancias. Siempre que el sufrimiento os aflija, el *dhamma* debería enseñaros cómo tratarlo del modo más apropiado.

En primer lugar, debes aceptar el hecho de que los hombres, una vez han nacido, envejecen naturalmente. ¿Hay alguien que haya nacido y no haya envejecido? Algunos tratan de luchar contra el envejecimiento, huyendo al fin del mundo para tratar de parar el proceso. Si no acuden a una clínica de su propio país para hacerse la cirugía plástica, viajan al extranjero por miedo a convertirse en blanco de cotilleos por sus intentos de prolongar su apariencia juvenil. Pretenden escapar del envejecimiento a través del bisturí del cirujano, una operación tras otra, hasta que, finalmente, las arrugas aparecen inevitablemente. Por lo tanto, debemos admitir que el envejecimiento y las señales externas que le corresponden, aparecerán de manera natural. Las células de nuestro cuerpo nos sirven durante mucho tiempo pero, con los años, decaen, se desintegran y expiran. Dicha condición, es una parte de la vida que no deberíamos tratar de ignorar, sino encararla y comprenderla.

En segundo lugar, es natural que el hombre sufra dolor. ¿Hay alguien en el mundo que no haya sido afectado por algún dolor? El dolor incluye enfermedades. Es más fácil aguantar el dolor físico que el dolor mental. Imagina a dos personas trabajando en el mismo lugar y compartiendo la misma oficina, pero que estén resentidos uno y otro. Se comportan como colegas, comiendo juntos, pasando el rato y socializando. Sin embargo, a sus espaldas, se critican uno al otro. Esto se llama albergar dolor mental, no expresándolo de cara al exterior, pero sufriéndolo internamente.

El dolor mental es como un fuego sin humo, un fuego que arde lentamente. El Buda dice: "es posible encontrar una persona que no esté físicamente afligida por la enfermedad, alguien que nunca ha acudido a un hospital en toda su vida". Phra Dabbamallaputra, uno de Sus discípulos, jamás en su vida cayó enfermo. Alguien puede llegar a los cien sin haber enfermado, aún se podría encontrar un caso así hoy en día. Sin embargo, es complicado, sino imposible, encontrar una persona que nunca haya sufrido dolor mental en cien años, que nunca haya albergado maldad, envidia, que no haya sido avaricioso, que no haya estado enfadado, no haya sido engreído o no haya estado equivocado. Así pues, el dolor mental es de extrema importancia. Es extremadamente difícil de evitar. En este mundo, solo dos tipos de seres nunca se verán afligidos por el sufrimiento mental: *Unos* son los muertos. *Otros* son los *arahant* (los Iluminados) que se han liberado de los engaños mentales. Por lo tanto, debemos asumir que es natural que la gente esté físicamente enferma y mentalmente afligida. Tal afirmación no debe ser interpretada en el sentido de que, una vez nos hemos dado cuenta de que es natural estar enfermo, simplemente nos cruzamos de brazos sin hacer nada al respecto cuando ocurre. Si nos cortamos los dedos mientras troceamos carne no decimos: "Esto es natural, debo seguir sangrando sin hacer nada porque el dolor es algo natural". Está actitud sería totalmente estúpida. Si salís fuera y un coche os atropella, no seguís caminando renqueantes diciendo: "No voy a hacer nada al respecto. Lo que me ha pasado es natural". Esto es totalmente necio. Necesitamos comprender la naturaleza de las cosas para poder vivir en consonancia con las verdades de la vida y afrontar nuestra existencia con una actitud responsable, no para comportarnos como individuos negligentes y descuidados.

Las personas que comprenden este hecho, son plenamente conscientes de que cuando el cuerpo físico enferma se trata de algo natural, pero actúan con diligencia para encontrar un remedio apropiado a su dolencia, no se abandonan a ella sin más. Muchas enfermedades se pueden curar si se tratan correctamente, otras, simplemente, se curan sin tratamiento ni medicación, y también las hay incurables, por más que se cuiden. Algunas personas se van sin remedio. De nuevo, esta es la naturaleza de las cosas. Debes implicarte para llegar a conocer la procedencia de tu enfermedad y confiarte a los remedios más apropiados. Si es incurable, entonces debes aprender a aceptarlo, a abandonarte a la evidencia.

Algunas personas muy enfermas no aceptan su situación. Se obsesionan pensando: "¿Por qué a mi? ¿Por qué no a otro?" Están negativos. Al no ser capaces de admitir la realidad, se bloquean mentalmente, y a la enfermedad física se le añade la mental. Los pacientes que no comprenden la naturaleza de la enfermedad, acaban enfrentándose a la muerte en un estado físico y mental miserable.

El Abuelo Yen vivía junto al río en una zona selvática. Vivió hasta los ciento y seis años, habiendo resistido todos los climas. Los críos le tiraban piedras pero él se levantaba tambaleándose hasta el riachuelo y hacía su vida. Huelga mencionar su longevidad, nunca enfermó. Mientras tanto, otro hombre, un empresario millonario de cuarenta y cinco años, tiene todo lo que cualquiera desearía. Un buen día, le diagnostican un cáncer de colon. Él piensa con resentimiento en la ironía de la situación: "Gente que debería estar enferma (como el abuelo Yen) no lo está. Yo no merezco esto". La primera flecha que le atraviesa es la de su enfermedad. La segunda flecha es todavía peor, su negatividad. Su sufrimiento se agrava por su enfermedad mental. Así pues, es una enfermedad afectada por dos flechas simultáneamente.

Con una razón para estar enfermo, es suficiente. Si la causa es una sola una flecha, dejemos que el cuerpo sufra la enfermedad física. No permitas que la enfermedad mental te aflija porque causas un sufrimiento extenuante con el que deberás lidiar, y en gran parte es innecesario.

CÓMO SER FELIZ ESTANDO ENFERMO, O SER UN ENFERMO DESGRACIADO

La ya mencionada *flecha,* es un término que se utiliza en el budismo para hacer referencia al sufrimiento. Buda era conocido también con un sobrenombre que le habían atribuido, *Sabbalokatikicchako,* "el médico que cura a todos los hombres".

En realidad, las flechas del sufrimiento se clavan en nuestros corazones constantemente cuando no estamos atentos. En lugar de arrancarlas, las ayudamos a penetrar más profundamente en nuestro pecho. En la enfermedad, desvariamos y despotricamos por ignorancia sobre cómo todos, excepto nosotros mismos, merecerían estar enfermos. "Yo no merezco esto. Yo puedo hacer todavía mucho bien a este país". Nos enfrentamos con el Buda, con la Verdad Ultima cuando, de hecho, si aceptamos, nuestras mentes se orientan y somos capaces de renunciar. Entendemos que: "OH, así es, la enfermedad arremete contra todos indiscriminadamente, un día llegará a afectarme". En la carencia, en la desesperación, tenga buena apariencia o no, sea negro o blanco, alto o bajo, rico o pobre, noble o miserable, ¿existe alguien capaz de escapar de la enfermedad, física o mental?

Cuando enfermes físicamente, no permitas que a tu dolencia se le añada la aflicción mental. No acrecientes tu grave enfermedad con más dolor mental. Vive tu enfermedad con una sonrisa, como aquellos Iluminados capaces de soportar felizmente su enfermedad.

El *venerable Cha* convivió con un cáncer durante muchos años antes de morir. También el *venerable Tian* vivió con un cáncer muchos años. A pesar de sus enfermedades físicas, estos monjes virtuosos siempre sonreían. El *venerable Budadhasa* era un enfermo terminal, sin embargo, aun aquejado como estaba, siempre tenía una sonrisa en los labios, nunca dejo de sonreír. Viendo lo grave de su enfermedad, sus propios médicos y cuidadores sufrían tal ansiedad que hasta les costaba respirar. Cada vez que lo acompañaban al baño, el corazón se les salía del pecho, acongojados por si su estado de salud empeoraba. Mientras tanto, él observaba la manifestación de la dolencia con total conocimiento, sin perder la sonrisa, aprendió de ella y la transformó en sabiduría.

El *venerable Phra Brahmagunabhorn (P.A. Payutto)* también afrontó su enfermedad con una sonrisa. Sus pupilos estaban muy preocupados y le instalaron un timbre junto al lecho, para poder acudir si empeoraba de repente, sin embargo, a pesar de su debilidad, nunca lo utilizó. A veces se encontraba muy mal, pero nunca pidió ayuda. Cuando se presentaba el ataque, simplemente se sentaba a observarlo, pendiente de si el ritmo de su corazón lo resistía, tal era el grado de la enfermedad.

En la enfermedad, dejemos que sea la propia dolencia quien nos enseñe, como hizo el venerable *Budhadasa* justo antes de morir. Se sentaba en el baño contemplándose a si mismo, observando sus síntomas, vigilando las oscilaciones de su presión sanguínea. Así es como nuestros grandes mentores percibían la naturaleza de las cosas. Aunque físicamente estuviesen enfermos, sus mentes no lo estaban. Enfocaban sus mentes en la enfermedad, sin convertirse en la enfermedad misma, separaban la enfermedad del enfermo (separaban la mente del cuerpo). Así podían vivir en armonía con su sufrimiento. Por todo ello, quizá los cuerpos de nuestros mentores estuvieran enfermos, pero sus mentes eran felices, ellos sí comprendían de verdad la naturaleza de las cosas.

En tercer lugar, por el solo hecho de nacer, todos debemos morir. Una vez fui invitado a dar un sermón en un funeral. El maestro de ceremonias no era capaz de llevar a cabo ningún ritual, pues la patrona estaba sumida en una crisis de llanto frente al féretro. Yo le pregunté en un susurro por qué estaba llorando. Ella me respondió que su hijo había muerto demasiado joven, y que no debería haberlo hecho antes de que le llegase su hora. Yo dije: ¿Qué edad cree usted que habría sido la apropiada para la muerte de su hijo? Con un balbuceo contestó que no lo sabía. Yo le dije: ¿Habría querido que su hijo muriera a los cincuenta? Ella se quedo muda. Como si al cumplir los cincuenta, su madre fuera a decirle: Hijo, te ha llegado el momento de morir. ¡De ninguna manera!

Si me preguntáis sobre la edad más adecuada para morir, mi respuesta es inmediata: Ninguna. Ninguna edad es conveniente para nadie para morir. Nosotros los mortales quisiéramos que nuestros abuelos, hijos, hijas, sobrinos, nietos, esposas y maridos, vivieran con nosotros hasta el fin de los tiempos. Si fuera por nosotros, los mortales, nadie debería morir, especialmente nuestros seres queridos. Pero la naturaleza nos dice que todos vamos a morir, y podemos hacerlo en cualquier instante. Entonces, ¿debemos ir en contra de la naturaleza o debemos aprender de ella?

En una crónica china se explica una anécdota que habla de un emperador que relevó en la línea sucesoria a su padre muerto. Se sentía complemente feliz. Una tarde, caminaba por la loma de una montaña y, mirando hacía abajo, contemplo su imperio que se extendía tanto cuanto sus ojos le permitían ver. Le dijo a su paje:

"Mira, si mi abuelo, mi abuela, mi madre o mi padre vivieran, se sentirían dichosos observando mi reino, viendo que he conquistado todo el país y que reino en él con supremacía. Soy muy feliz, pero si estuviesen vivos, mi vida sería completa, quisiera tenerlos conmigo para que me vieran dominar el mundo hoy".

Escuchando sus palabras, el paje que estaba junto a él, no pudo esconder una sonrisa. En un susurro dijo: "Si tu padre, tu madre o tus abuelos estuviesen vivos, tu no reinarías así, Majestad". Al oírle, la euforia del emperador se disipó. Era cierto. Si todos estuviesen vivos, ¿cómo hubiese accedido él al trono? Este era el beneficio de la muerte. Si no hubieran muerto, ¿cómo habría logrado el éxito? Así pues, la muerte también augura un cambio. La fortuna debe cambiar de manos. Las oportunidades pueden llegar.

Si la vieja generación de superstars no hubiese muerto, las nuevas estrellas no habrían podido ocupar su lugar. Si la superstar *Mit Chaibancha* siguiera viva, ¿habría existido *Sorapong Chatri*? Si Abraham Lincoln no hubiese sido asesinado, ¿habría un George W. Bush hoy? La muerte hace posible la sucesión y nos deja este día. Bajo este prisma, la muerte es, en efecto, algo bueno y noble porque es la forma en que las cosas se convierten en lo que son. Si sus abuelos siguieran vivos, ¿cómo podría el nieto alcanzar el éxito? Este paje, verdaderamente entendía la realidad de la vida, comprendía la naturaleza de las cosas.

Algunos han estado mucho tiempo enfermos. Al final, las funciones de su cuerpo cesan y dan paso a la muerte. De no haber llegado a morir, habrían seguido sufriendo muchísimo. En ese caso, la muerte es una bendición. Debemos entender que en la muerte también hay algún beneficio. Aunque jamás deberíamos pensar en acelerar el proceso de nuestra muerte para triunfar sobre ella, sino que debemos dejarla que siga su camino.

La muerte es comparable a una espina. ¿Dónde crecen las espinas? En los arbustos, por supuesto. Nos lastiman si las tocamos con la mano. Se nos clavan, y cuando esto ocurre, nos duele y sufrimos.

Y la muerte. ¿Dónde se encuentra? En nosotros mismos, por supuesto. Pero, como no comprendemos este hecho, sufrimos inevitablemente. Sufrimos incluso antes de que aparezca, antes de haber pasado por ella.

Hay una gran roca en el arcén. Si no la levantamos, ¿vamos a sentir su peso? No. Pero, si la levantamos, deberemos soportar la carga de su tamaño. La muerte y la roca son iguales. Las cosas son lo que son por naturaleza. Solo nos perjudican cuando las vemos con ignorancia. La roca solo pesa al levantarla. Si lo sabemos, la dejamos donde está. Las espinas son afiladas y penetrantes. Si mantenemos las manos alejadas de ellas y no las tocamos, no nos van a lastimar. Si *comprendemos*, aunque suframos, podremos encontrar felicidad en el dolor.

SEGUIR EL CAMINO NATURAL ES LA BENDICIÓN ÚLTIMA

Un cuento Zen narra la historia de un millonario chino que le hizo un ofrecimiento de comida a un monje al que, posteriormente, pidió su bendición por escrito. El monje accedió, y le escribió cuatro líneas de bendición en un pedazo de papel. Al leer las cuatro líneas, el millonario cayó de rodillas, enrojeció de furia y le gritó al monje: "¿Cómo puedes escribir estas palabras? Son siniestras". El monje dijo: "Esta es la mejor bendición que podría regalarte". "¿Cómo puedes llamarlo una bendición?", contestó el millonario, "cuando cada palabra parece una maldición. Lee ¿cómo has podido escribir algo así?".

> Muerte del padre
> Muerte de la madre
> Muerte del hijo
> Muerte del nieto

El monje explicó, "No tengo ninguna intención de maldecirte". Solo piensa, si el nieto muere primero, ¿cuánto sufrirán los abuelos? Si el hijo muere antes, ¿cómo será el sufrimiento los padres? Pero, si primero muere el padre, después la madre, después el hijo y por último, muere el nieto, se habrá seguido el orden natural de la cadena de la vida. No habrá dolor".

Las personas que nacen antes deberían morir antes. Los padres que ven morir a sus hijos sufren enormemente. Yo mismo pude atestiguar lo triste que se quedó mi madre cuando mi hermano mayor murió. Un año después de celebrar el estreno de su nueva casa, donde nos explicó sus planes de boda, tuvo un accidente mortal. Con su hijo mayor muerto, quedándoles solo el pequeño, ¿cómo debieron sentirse mis padres soportando el funeral de su primogénito? Cuán desolados deberían estar, teniendo que organizar el funeral de su hijo, según les correspondía. Cuando ocurre lo contrario de lo que tendría que pasar de manera natural, el sufrimiento es extremo. Es imposible imaginar lo desgraciado de esta situación si no si no se ha pasado por ella.

Todos los padres desean poder ser cuidados por sus hijos cuando son mayores. Pero algunos tienen que ver cómo estos mueren antes. Si aquellos padres que solo tienen un hijo, tienen la desgracia de que éste sufra una apoplejía que le deje paralizado, y tienen que cuidarlo hasta que muera en sus brazos, cuán tristes se sentirán viéndose solos hasta una edad avanzada. El dolor más insoportable que puede sufrir una persona es encontrarse con muertes antinaturales como estas.

La clave de la filosofía que el monje trataba de enseñarle a aquel millonario es que si las muertes del padre, la madre, el hijo, y el nieto se produjeran sucesivamente, todo el mundo moriría siguiendo un orden natural. Los que se quedan deberían sufrir menos o nada.

Al comprender los buenos deseos que había escrito el monje en aquel papel, el millonario se emocionó muchísimo y aceptó estas maravillosas bendiciones con deleite.

Un día Visakha fue a ver al Buda llorando desconsoladamente. Estaba empapada. Venía del funeral de su hija y se había sumergido en el río Ganges para limpiarse antes de ir al encuentro del Buda. En Su morada, Él le preguntó, "Visakha, ¿por qué lloras?" "Lloro porque acabo de perder a mi hija" le dijo.

El Buda le preguntó, "¿tienes muchos hijos?". "Así es" dijo ella. El Buda prosiguió, "Si tuvieras un solo hijo, llorarías una sola vez cuando éste muriera. Si tuvieras más de treinta hijos, cada vez que uno de ellos muriera, ¿cuánto deberías llorar? Llorarías una vez por un hijo muerto, dos veces por dos hijos muertos, tres veces por tres hijos muertos, diez veces por diez hijos muertos y cincuenta veces por cincuenta hijos muertos". La dimensión de cada uno de nuestros múltiples sufrimientos depende de la expansión de nuestro amor —a cuántos hijos queremos y cuánto los queremos. El amor se vuelve en nuestra contra. Cuanto más amamos, mayor es nuestro dolor. Cuanto más grande es el amor, mayor el sufrimiento. Cuanto más grandes los celos, más grandes los deseos de venganza. Cuanto más posesivos somos, más apesadumbrados vivimos. A mayores posesiones, mayores quebrantos.

En una ocasión, el Buda dio enseñanzas a *Kisagotami*, quien estaba destrozada por la reciente muerte de su hijo:

> Si pudieras juntar todas las lágrimas que has derramado por la muerte de un hijo en cada una de tus vidas, serían tantas como las aguas del océano. En este ciclo de sufrimiento sin fin, ¿cuantas veces has llorado? Las lágrimas que has derramado por tus hijos perdidos son incontables. Los huesos de los hijos que has perdido en cada vida formarían una pila más alta que una montaña. Cada pedacito de la Tierra que pisas está impregnado de muerte. La muerte no es ningún fenómeno extraño. Es ley de vida.

Tal fue la intensidad del sermón del Buda sobre la naturaleza última de las cosas que la mujer, triste y loca por la muerte de su hijo, de repente, volvió a estar cuerda.

Debemos ver que la muerte es un hecho que afecta de manera natural a toda la humanidad. Surge, permanece y cesa. Estudiadla bien. No solo la muerte externa, sino también la interna.

La muerte, según la doctrina analítica de las enseñanzas budistas, integrada en la filosofía budista, ocurre todo el tiempo. Todo surge, permanece y cesa; surge, permanece y cesa. Nunca sabemos cuántas veces en un segundo surgimos, permanecemos y cesamos. Por lo tanto, debemos ver que surgimos y cesamos todo el tiempo. Así pues, aprendamos a comprender el fenómeno de nuestra vida interior, para poder ver cómo la muerte ocurre todo el tiempo. Es la naturaleza de todas las cosas.

Morimos mentalmente a cada momento, y también físicamente. Las células de nuestro cuerpo mueren a cada momento. Cuando nos duchamos, nos desprendemos de la piel muerta que se desintegra en forma de suciedad. En el transcurso de siete años, nuestro cuerpo ya no es el de la misma persona que fue, porque todas las células se renuevan totalmente cada siete años.

Nacemos y morimos continuamente, experimentando cambios de manera constante. Si podemos llegar a ver eso, veremos que haber nacido y tener que morir es algo completamente natural. Si llega el momento cuando ya nos hemos enfrentado a este hecho natural, entonces no causará alarma. Aceptaremos lo que es natural de manera sabia e inteligente. Las cosas son como han sido eternamente. Son como son ahora, y lo seguirán siendo siempre.

Alguna gente no se da cuenta. Ven el cadáver en la pira funeraria, les acompañan allí para que puedan contemplar el rostro del familiar muerto por última vez. Puede que se desmayen, pierdan el conocimiento o incluso sufran un ataque frente al cuerpo. Ver un muerto sin practicar la *contemplación* de la muerte, puede causar otra muerte que haga seguir la cadena.

SABIDURÍA PARA ASISTIR A UN FUNERAL

Un funeral implica mucha actividad para los monjes. Los monjes son importantes e indispensables en un funeral. La razón de su participación es que tienen que contemplar los cuerpos muertos y los velos que los cubren. Esencialmente, están allí para contemplar a la muerte.

La tradición de contemplar la muerte fue introducida por el budismo en dos rituales: (1) el ritual de tomar y ofrecer ropa en honor al fallecido y (2) la cremación al aire libre. En estos días, la mayoría de tailandeses queman a sus muertos en la pira funeraria.

Advertidos de que pueden atraer la mala fortuna (según el horóscopo), los tailandeses solicitan la presencia de los monjes, pidiéndoles que lleven a cabo el ritual de pintar hábitos para los muertos y para los vivos, con la esperanza de escapar de la muerte y evitar enfermedades. Este ritual se viene practicando, generación tras generación, sin comprender realmente cual es su propósito real y original. En la actualidad ya no entendemos la razón por la que los monjes deben contemplar el cadáver y cantar en los funerales. Sea como sea, los fallecidos son llevados al templo para ser quemados, y así los monjes tienen ocasión de aprender de los cadáveres y alcanzar la sabiduría.

Durante los tiempos del Buda, cuando alguien moría, su cuidador invitaba a los monjes a que vieran el cadáver. Esa visión evocaría a *pathos*. *Pathos* no significa misericordia, sino una conciencia mental de la muerte. Algunos creen que *pathos* significa lástima o pena, esto es erróneo. *Pathos* significa atención, y es usado positivamente para hacer que la mente no caiga en el desánimo y baje la guardia.

En los tiempos de Buda, cuando alguien moría, los monjes eran invitados a contemplar la muerte. Observando, en estado de contemplación, los monjes cantaban:

anicca vata sankhara: La condición de todas las cosas es la impermanencia.

uppadavayadhammino: Surgiendo y cesando de modo natural.

uppajjitava nirujjhanti: Lo que surge debe cesar.

tesam vupasamo sukho: El fin de los nacimientos y muertes de las cosas así condicionadas, será bienaventurado.

Este poema cantado por los monjes para contemplar la muerte o el ritual de los hábitos, personifica la quintaesencia del budismo desde el menor al más elevado y verdadero ideal de la vida, llamado *nibbana* (nirvana en sánscrito). En otras palabras, es la quintaesencia de la meditación de la sabiduría, que enseña el surgir y el cesar de las tres características (la impermanencia, la insatisfacción y la ausencia de un yo sólido) así como la liberación final del sufrimiento (*nibbana*).

Sin embargo, es difícil que algún tailandés de hoy, o incluso los mismos monjes, comprendan el propósito original de los cantos en el ritual del ofrecimiento de hábitos. Les piden a sus huéspedes de honor que hagan el ofrecimiento de telas, e invitan a los monjes para que lo contemplen. Algunos monjes cantan silenciosamente: "Oh, Oh, esto es pura seda suiza". Una vez la obtienen, la cargan bajo sus brazos. "Estos son mis hábitos". Contemplan el ritual del hábito como la simple obtención material de una túnica. No ven que algún día ellos también morirán. No entienden la evidencia común que pasa delante de sus ojos: el cese del cuerpo, que es algo condicionado. No aprenden ninguna lección válida de este precioso ritual tan antiguo.

Tampoco la mayoría de budistas. Ellos acuden a los templos tratando de disipar sus desgracias pidiendo a los monjes que realicen el ritual de contemplar las túnicas que han comprado para ellos. ¿Cómo podría este acto evitar la mala fortuna, el sufrimiento, la enfermedad y el peligro? Solo puede ayudar moralmente a levantar el espíritu por un tiempo. ¿Cómo puede una persona que sufre de una dolencia concreta pretender curarse con un medicamento mal recetado?

La gente que cree estar bajo la inminente desgracia, no sufre por causas ajenas sino por causas internas. La base de la desgracia interior es la necedad —la necedad de no conocer el mundo y a la vida en sí misma. La necedad acaba con uno. Hace que te vengas abajo y cuando estás abajo, culpas al destino, a la mala suerte, a los elementos, a las deidades, a los guardianes de los espíritus, a los entes hostiles de vidas pasadas, así como a un gran número de causas invisibles, sin darte cuenta de que la mala fortuna reside, de hecho, dentro de tu propia mente ciega.

La gente desventurada, si se guían por sabios mentores, pueden convertir la mala fortuna en sabiduría y las amenazas en oportunidades. Por ejemplo, si suspendes un examen, lo que debes hacer es estudiar duro para recuperarlo y no perder el tiempo culpando a seres espirituales. Si eres un derrochador, puedes aprender a ahorrar desde la prudencia. Si haces el bien y nadie se entera, debes seguir haciéndolo porque crees en la bondad, no te rindas arguyendo que tus buenas acciones no son agradecidas por los demás. Si estás enfermo, debes aprender a vivir feliz y sabiamente con tu enfermedad, y no estar resentido hasta ver multiplicadas tus dolencias físicas y mentales. Evidentemente, con sabiduría siempre puedes convertir tu mala suerte en oportunidades.

Sin embargo, si eres realmente estúpido, puedes llegar a convertir tu buena estrella en mala suerte. Según los periódicos, alguien que había ganado una fortuna de cincuenta y dos millones de euros en la lotería, se suicidó tomando una sobredosis de pastillas. ¿Por qué lo hizo? Porque sus familiares le buscaban para poder compartir su riqueza. No pudo lidiar con su avaricia. Así que se suicidó. Esto es un ejemplo claro de estupidez, transformando la buena suerte en desgracia.

Otra costumbre que hemos heredado de las antiguas tradiciones de la vieja India, es la cremación al aire libre. Donde yo solía vivir, cuando alguien moría, los vecinos ayudaban en la tarea de la cremación del cadáver al aire libre. Desde hace unos pocos años, utilizan una pira funeraria pública. El consejo de administración local está muy orgulloso de que el pueblo tenga ahora un crematorio, alardean de que ahora están por delante de otos pueblos. Tener un buen crematorio es muy bueno para una ciudad, es algo para sentirse orgulloso. Pero en mi opinión, esto no significa necesariamente el progreso de un pueblo. Al contrario, me parece una regresión pues la cremación en un incinerador obstruye la sabiduría que se alcanza en un funeral tradicional. Una vez el ataúd es empujado al interior del incinerador, todo el mundo puede marcharse a casa. No hay nada iluminador en ese acto, la naturaleza de las cosas no se pone de manifiesto.

En el pasado, cuando alguien moría, los amos de las casas del pueblo debían llevar un tronco de leña por cada miembro de su familia, y algo de arroz sin cocinar. Así contribuían con la familia anfitriona, que preparaba gran comida para los invitados. Esta era una práctica común en la antigüedad. Así pues, un funeral en el pasado alentaba acciones pactadas de buena fe, y estimulaba el aprendizaje sobre la naturaleza de las cosas.

La acción de llevar un tronco para contribuir en la cremación, significaba tomar conciencia de que un día también nosotros deberemos morir. Cuando ocurra, ellos deberán corresponder uniéndose a la cremación de nuestro cuerpo. Esta manera de pensar impide automáticamente el descuido (a través de la contemplación de la muerte). La acción concertada de cocinar arroz para ayudar a un amigo que pasa un mal momento, suscita empatía. La amistad florece aun rodeada de pena. Con la amistad llega la coexistencia mutua, haces lo que puedes para ayudar y aportas lo que tienes. Si no tienes dinero puedes colaborar en las labores domésticas. Puedes velar el cadáver hasta la primera luz del amanecer. Amas al fallecido y no le abandonas, sino que te quedas ofreciéndole tu compañía y le despides afectuosamente en la pira funeraria mientras se llevan acabo los últimos rituales.

Para la cremación, el cadáver solía ser transportado en una litera. Tradicionalmente, se les pedía ayuda a los vecinos para conducir al cuerpo hasta el lugar. No se usaban ruedas para llevar el cuerpo. Lo cargaban a hombros hasta el crematorio. El triste anfitrión que veía a sus vecinos ayudando con todas estas acciones concertadas, se sentía moralmente fortalecido. "Veis, mi marido –o mi hijo– han muerto, pero los vecinos no me han abandonado". En medio de su pena y soledad, la viuda se sentía alentada gracias a la ayuda de sus vecinos.

Consideremos lo siguiente: Un funeral estaba lleno de *dhamma* que aprender. Una vez colocado el cadáver sobre la pira crematoria, al aire libre, todo el mundo se sentaba alrededor en el cementerio esperando a que el encargado de la funeraria procediera a quemar el cuerpo. Durante la cremación, veían aquel cuerpo muerto consumirse ante sus propios ojos. Era como una representación al aire libre, en el crematorio. Contemplar los troncos ardientes, ver la silueta del cuerpo, músculos y tendones calcinados hasta llegar a cenizas, quizás ver al muerto incorporarse súbitamente debido a la tensión de los ligamentos causada por el fuego. La conciencia de la muerte crece viendo la verdad de las cosas. ¡Así es la vida! Lo que veis frente a vosotros queda grabado. Hace que te adviertas a ti mismo que si no estás atento, morirás de la misma manera. Pero, si *comprendes*, de funeral en funeral, serás cada vez más sabio y estarás en mejor posición cada vez que asistes a uno.

Ahora, con subvenciones para construir crematorios, la administración local proporciona personal que recoja el cadáver. Transportan el ataúd en el coche fúnebre, que encabeza la procesión. Los invitados en coches u otos medios de transporte proceden a conducir sus vehículos hasta el cementerio. Una vez allí, no pueden hacer nada para ayudar. Los miembros del templo deben encargarse de todo. Los invitados solo se sientan y miran.

Una vez han visto el ataúd colocado en el incinerador, pueden irse a casa. ¿Consiguen algún tipo de sabiduría de esta forma? ¿Les ilumina la muerte de algún modo? Difícilmente. Esto es en lo que se ha convertido la sociedad tailandesa. Lo que nos enseñaron nuestros ancestros se ha ido perdiendo. No hay comprensión. Todo el mundo opta por dejar la almendra y quedarse con la cáscara, dejando la sustancia y contentándose con la envoltura.

Volviendo al pasado, cuando había un funeral en mi vecindario, mientras el cuerpo era depositado sobre la torre de troncos, el enterrador rompía un cuenco en las escaleras, un acto llamado "romper los cinco agregados". ¿Por qué lo hacía? Nadie parece saberlo. Yo le pregunté a nuestro guía espiritual, a nuestro gobernador local, a nuestro abad, nadie sabía el porqué. Solo lo supe cuando estudié *pali,* no hace mucho tiempo.

La razón por la cual se rompe el cuenco mientras se llevan el cuerpo de la casa, es sugerir en el enigma *dhammico*: "Así es la vida. Algún día se romperá". Los cinco agregados están implicados en la vida, como nosotros. Todos estamos formados por el cuerpo, la sensación, el discernimiento, la percepción y la voluntad. Algún día seremos extinguidos como estos cinco agregados. Este era el inestimable enigma *dhammico* transmitido por nuestros antepasados.

Mientras llevaban el cuerpo desde la casa al cementerio, quemaban petardos haciendo un ruido atronador. Como explican algunos, la quema de petardos se hacía para hacer saber al muerto que dejaba la casa y no volvería a ella nunca más. Sin embargo, el verdadero contenido *dhammico* acerca de los petardos mientras se recoge al fallecido, es que la vida es como un petardo. Explota y deja solo humo y polvo tras de si, nada sustancial para las futuras generaciones. La vida es vacía. No debemos aferrarnos ciegamente a la vida, condicionados por el apego y la falta de comprensión.

Hace diez años, el primer ministro Prem era muy popular. El ejército entero se amedrentaba con la sola mención de su nombre, pero ahora solo provoca una simple inclinación de cabeza, nada más. Hace diez años, la mención de M. R. Kukrit Pramoj, provocaría esta respuesta: "!Oh, Oh, es una gran personalidad! Él es el pilar de la democracia en Tailandia". Ahora les preguntas a unos niños y se quedarán totalmente en blanco. ¿Quien es ese Prem? ¿Quien es Kukrit?

Durante los tiempos del profesor Pridi Banomyong, los estudiantes de la universidad de Thammasat se sentían muy orgullosos. El año pasado, un alumno de Thammasat, quien es ahora un prominente erudito, les preguntó a los estudiantes de Thammasat si conocían al profesor Pridi. Ellos dijeron; "Nunca hemos oído hablar de él" aunque el monumento en honor de Pridi Banomyong está justo allí, en el campus de Thammasat, en Ta Parchan.

En la vida, mientras estamos respirando, algunos de nosotros podemos alcanzar la fama y ser tan visibles como un cohete espacial, estallar como fuegos artificiales, resultar atronadores como petardos. Pero en la muerte, solo la *nada* permanece.

Evidentemente, las tradiciones de un funeral en tiempos pasados estaban llenas de filosofía budista, con cada actividad intentaba enseñarnos todo lo que debemos saber sobre la vida. Pero ahora, difícilmente podemos verlo, mucho menos comprenderlo. No prestamos atención a ningún ritual. Simplemente, los llevamos a cabo sin pensar.

Un sabio religioso remarcó que hoy en día, la mayoría de rituales religiosos son insustanciales. Son solamente lo que queda de los antiguos ritos. Los cantos funerarios se han quedado en costumbres ritualistas. Contemplar las ropas funerarias se ha quedado en un resquicio de lo que era una seria contemplación. En los días pasados, llevar el cuerpo al templo les permitía a los monjes utilizarlo para contemplar la muerte. Pero hoy, cuando alguien lleva un muerto al templo puede que, los monjes se dediquen a especular en cómo influirá esa muerte en sus bolsillos. Les darán no menos de quinientos, quizá mil o diez mil. Mientras los monjes están pensando en las ganancias futuras, los anfitriones se preocupan por sus gastos. ¿Cuánto habrá que pagar por alquilar la sala? ¿Cuánto por el pica-pica? ¿Cuánto por las flores? ¿Cuánto por los honorarios de los monjes? Nadie piensa *dhámmicamente*. Nadie es consciente del *dhamma*.

Hoy en día, los funerales en un templo difícilmente llevan ningún tipo de iluminación. Solo el sufrimiento y la sandez sobresalen del ritual. Los funerales son ocasiones para dar rienda suelta a la lástima, la pérdida, la ceremonia, las formas llamativas y los adornos florales. También están llenos de complicaciones, extravagancias y excesos superfluos y costumbristas, pero difícilmente se encuentra en ellos alguna sustancia del budismo. ¡Que lástima! Hoy en día, morir beneficia muy poco a los que continúan vivos.

APRENDER SOBRE LA SEPARACIÓN PARA QUE LA VIDA VALGA LA PENA

En cuarto lugar, la separación es un hecho cotidiano en la vida. Aunque no sea a causa de la muerte, seguro que ya hemos experimentado alguna separación dolorosa, de nuestros padres, de algún familiar o de seres queridos. Ningún niño quiere separarse de sus padres, yo tampoco quería. Pero tuve que hacerlo al trasladarme a Bangkok para acudir a la escuela.

Nadie quiere separarse de sus seres queridos, pero estos nos dejarán algún día. Puede que sean ellos quienes se vayan, o quizá nosotros; por circunstancias de la vida o a causa de la muerte, en los malos tiempos o en los buenos. Amamos la forma externa. Pero, por mucho que te esfuerces, por más cuidados que le dediques a tu cara y a tu piel, aplicándote caros cosméticos importados para retener la juventud, ese tarro de crema que cuesta cien mil *bahts* no podrá inmortalizar tu belleza. Al final, todo lo que amamos nos acaba dejando –la apariencia, la complexión, la figura o el cerebro–. Incluso la cosa más insustancial de la vida como el espacio que ocupas, o algo tan ligero como tu aliento, te abandonarán al final. No puedes mantenerlos eternamente. No tiene sentido aferrarte a ellos.

Sea lo que sea que ames, aprecies o poseas, recuerda esto: un día deberás separarte de todo. Por favor, recuerda que quienquiera que esté en tu compañía, él o ella se separarán de ti algún día. Los chinos lo tienen muy claro, tanto es así que uno de sus proverbios dice: "Nos despedimos unos de otros durante miles de millas, para separarnos al final". Así pues, es mejor no despedirse. Cuando tengas que irte, vete. Con esta actitud ante la vida, la separación es decidida, directa y sin demoras.

Mi madre cayó enferma con asma. La familia la llevó al hospital para ser tratada. Los miembros más jóvenes de la familia estaban preocupados por si empeoraba su estado. Mi madre anunció que moriría, y lo hizo de manera valiente. Fue una mujer sin miedo. Con toda tranquilidad habló con los más jóvenes. Les dijo que desearía reponerse, pero que si no podía seguir viviendo, moriría, y eso sería todo. Para evitar el sufrimiento de los jóvenes, estuvo intrépida. No tuvo miedo de encarar a la muerte cuando se le presentó.

Esta actitud es el reflejo de una comprensión absoluta de la naturaleza de las cosas. Estás listo para encarar tanto la vida como la muerte. La muerte o la separación no te afectan. Lo entiendes demasiado bien. Hoy eres famoso y al día siguiente caes en picado. Eres capaz de entenderlo, del mismo modo que sabes que la fama y la reputación pueden abandonarte en cualquier momento. Hoy estás en perfecto estado y mañana puedes ser un indigente. Tú entiendes que esta es la naturaleza de las cosas. La buena fortuna también puede abandonarte. Hoy eres rico, pero quizá esta noche tu casa se prenda fuego y te quedes sin nada. Debes aprender a aceptar que estas cosas forman parte de la vida, supéralo y compréndelo.

Todos van a dejarte algún día. Si tu hijo o tu nieto tienen que irse de tu lado, por el motivo que sea, debes aceptarlo. Si comprendes la naturaleza de las cosas sabes que es natural vivir la separación. En los últimos ciclos del encuentro y la separación, vas a entenderlo. Cuando alguien muera cerca de ti, simplemente di: "Sí, es natural. La naturaleza del cristal es romperse. La del agua es fluir. La naturaleza de la luz es iluminar. La del viento es soplar. La naturaleza del algodón es volar con un soplo". Si tienes una profunda comprensión de la naturaleza de las cosas, serás capaz de aceptarlas tranquilamente. De la separación debes aprender a no sentirte deprimido, sino a vivir con mayor felicidad y valorando cada momento que pasas con tus seres queridos, de modo que ese tiempo valga la pena.

Sin embargo, si alguien acepta el hecho de que su marido trabaja en Bangkok y no puede regresar a casa en un año, con un simple: "!Qué diablos, es natural!", evidencia una actitud negativa. Si, creyendo que razonas según el *dhamma* cuando te encuentras que al regresar a tu casa te han robado un millón de *bahts* de la caja fuerte, y exclamas con indiferencia "¡Esto es natural!" tampoco está bien. Si solo te quedas con que la separación de tus seres queridos y de tus bienes es algo natural, si solo para no sentirte afectado por lo que te ocurra te desapegas de todo, no harás nada positivo al respecto. Debemos aprender de la separación para vivir con lo que tenemos y con quien amemos, con la mayor felicidad posible. Significa que si todavía tienes contigo a tus padres, abuelos paternos o maternos, a tu cónyuge, esposo o esposa, hijos o nietos, debes aprender a vivir con ellos con la mayor dicha, aprovechando del mejor modo posible el tiempo que te queda antes de que se produzca la inevitable separación. Que cuando no estén, no debas lamentarte por haber desaprovechado la ocasión de dedicarles más tiempo y atenciones cuando estabais juntos.

Una vez asistí a unas ponencias *dhammicas* en Nakhon Nayok. Uno de mis pupilos, que era mi propio sobrino, me acompañó. La segunda noche de prácticas *dhammicas*, soñé la muerte de mi madre y también la de mi sobrino. Había dos ataúdes uno junto a otro, el que estaba más cerca era el de mi madre y el otro era el de mi sobrino. En mi sueño, yo me sentía destrozado. Levanté la tapa del ataúd y sostuve a mi sobrino entre mis brazos. Lloré con desconsuelo por su muerte. Estaba tan abrumado por la emoción que me resultaba insoportable. Me desperté de repente, en mitad de la noche. La intensidad de aquél sueño lo hacía parecer tan real que mi mente no pudo resistirlo. Así que me desperté, volví a la realidad. Estos sueños tan reales causan mucho sufrimiento. Puede que algunos de vosotros hayáis soñado alguna vez que estáis cayendo desde muy alto, cuando os despertáis súbitamente. Eso fue lo que me pasó. Mi sueño me afectaba más allá de lo que mi mente podía resistir. Así que me desperté, embargado por el dolor de tan solo imaginar la pérdida de mi sobrino.

Una vez despierto, enseguida me di cuenta que solo había sido un sueño. En aquel momento decidí encender las luces y echarle un vistazo a mi sobrino. Al verle felizmente tumbado en la cama que estaba junto a la mía, sentí que lo amaba cien veces más. ¿Por qué lo amaba más? En mi sueño estuve tan destrozado viendo su muerte que, cuando supe que estaba vivo, empecé a apreciar verdaderamente lo que tenía a mi lado.

Normalmente, empezamos a valorar lo que perdemos o lo que estamos a punto de perder, ¿no es así? Solamente valoramos lo que tenemos cuando nos falta. Cuando nuestros padres se van, los echamos de menos. Cuando te conviertes en madre, echas más de menos a tu propia madre. No dejemos que sea así. Debemos querer mucho a quienes tenemos al lado, mientras todavía siguen con nosotros. No empecemos a apreciarles cuando ya no estén. Darse cuenta demasiado tarde de los profundos sentimientos no lleva a nada bueno, solo a lamentaciones.

Esto es lo que debemos aprender de la naturaleza de las cosas. Todo el mundo acaba perdiendo a sus seres queridos. A partir de esta premisa, debemos aceptar la separación y la pérdida como parte de esa relación, y cuidar unos de otros tanto como podamos mientras gocemos de tiempo para hacerlo.

COSECHAS LO QUE HAS SEMBRADO

El quinto principio de la naturaleza de las cosas es que cada uno tiene su propio *kamma*. Sean cuales sean tus actos, bueno o malos, vas a experimentar sus consecuencias. Sea donde sea que lleves a cabo tus acciones –encubierto o no, rodeado de opulencia o en una cabaña destartalada– éstas se pegan a ti, convirtiéndose en tu propio *kamma*. Aunque puedes engañar a los demás, no puedes engañarte a ti mismo. No puedes engañar a tu propia consciencia. Tus buenos y malos actos quedan registrados en tu memoria, esperando el día en que florezcan en forma de felicidad o sufrimiento. La mente humana consta de dos partes:

1. El estado normal, al que llamamos conciencia.
2. El subconsciente, o estado de trance.

Cada acción que hacemos queda grabada en el estado de trance. Así, ese estado se convierte en el registro o la caja negra de nuestra memoria. Recoge todo lo que hacemos, lo graba en la base de datos para modificar y determinar nuestras vidas en el presente y en el futuro. En cada vida, nuestros actos pasados nos persiguen como una implacable fuerza que hay que considerar. Nadie puede escapar de la ley del *kamma*. Así pues, como no podemos escapar, lo adecuado es elegir hacer solo buenos actos y evitar los malos. Nadie puede dañarnos excepto nosotros mismos. Esto es universalmente cierto, afecta a toda la humanidad, sea cual sea su credo.

Nada de lo que ocurre en nuestras vidas es simple coincidencia. Para ser más precisos, de todas las cosas que pasan en el mundo, no hay nada que ocurra de manera aleatoria y autónoma. Todo tiene un origen. Una ley natural como esta que gobierna sin favoritismos, se la llama *idappaccayata*. La ley *kámmica* reside de un modo infalible dentro de esta regla.

Todo lo que vemos, tocamos o que ocurre en nuestras vidas tienen su punto de inicio. Es una continuación del *kamma* pasado en una variante u otra. Sea lo que sea que sembremos, vamos a cosecharlo. Este es otro principio de la vida.

Asumida la ley *kámmica* como un principio básico en la vida, nuestra comprensión debe conducirnos a vivir con responsabilidad, atención, sensibilidad y discernimiento. Esto no significa que nuestra consciencia de la regla *kámmica* deba hacernos rendir ante todo. No debemos eximirnos de culpas ni negar nuestras responsabilidades arguyendo que todo depende de la ley *kámmica* y que nada podemos hacer por cambiar las cosas. Más bien al contrario, nuestro conocimiento de que la vida que vivimos es un producto de nuestro *kamma,* debe conducirnos a elegir bien nuestros actos, a elegir solamente las buenas acciones haciendo uso de todas nuestras habilidades.

Estos son los cinco principios básicos que debes tener en cuenta, para poder realizar tu propia contemplación de la muerte con eficacia.

Para recapitular, he aquí los cinco principios que se encuentran en la naturaleza de las cosas:

1. Todo el mundo debe envejecer en el transcurso del tiempo. Nadie puede evitar envejecer.
2. Todo el mundo debe sufrir enfermedades en el transcurso del tiempo. Nadie puede evitar la enfermedad.
3. Todo el mundo debe morir en el transcurso del tiempo. Nadie puede evitar la muerte.
4. Todo el mundo debe sufrir la separación de alguien o algo que ama en el transcurso del tiempo. Nadie puede evitar la separación.
5. Cada individuo deberá ser destinatario de sus propios actos, sean buenos o malos.

Este es el *primer medio para contemplar la muerte* en nuestra vida diaria.

El segundo medio para contemplar la muerte

Mi consejo es que aproveches para contemplar la muerte cuando escuchas noticias al respecto. Sea cuando sea que oigas de alguna muerte, acuérdate de que tú también vas a morir. Un conocido te dice que un pariente suyo ha muerto. Lees en un periódico sobre un accidente mortal. Debes desarrollar atención abrazando estas muertes, diciendo para ti: "Oh sí, estas personas que han fallecido eran justo como yo. Hoy han muerto ellos, pero algún día me tocará a mí. No hay diferencia. Podía haber sido yo". Deberías escuchar las noticias que hablan de la mortalidad, admitiéndolas así.

El tercer medio para contemplar la muerte

Se refiere a desarrollar atención cuando asistes a un funeral. No te dejes impresionar por los grandiosos preparativos diciendo: "Vaya ceremonia, cuántas coronas de flores. Fascinante. Hay muchos invitados. Evidentemente la persona muerta fue alguien muy admirado". Algunos de los que acuden a un funeral al que ha sido invitado el primer ministro para presidirlo, siguen convencidos de que el difunto sigue siendo realmente muy popular (aunque está muerto). Cuando te dejas encandilar por el envoltorio, sin llegar a la esencia, te vuelves más necio que nunca. Los tailandeses, especialmente la gente de un alto status, a menudo acuden a funerales como parte de sus obligaciones sociales. Pero, un funeral es una ocasión inmejorable para practicar la contemplación de la muerte. Lástima que hoy en día el público de un funeral difícilmente alcanza alguna sabiduría. Más bien aprovechan la ocasión para socializar, y acaban yéndose con las manos vacías.

Lo que debes hacer cuando acudes a un funeral es tomar plena consciencia de que la persona que yace en el ataúd es como tú. Tarde o temprano estarás en su lugar.

Cada vez que presentáis vuestros respetos a un difunto, lo hacéis recitando lo que habéis aprendido para tales ocasiones: *"avassam maya maritabbam"*. Si no conocéis el significado del cántico en *pali*, os limitaréis a juntar las palmas de las manos y saludar tres veces. Pero, si entendéis las palabras, aprovecharéis este tiempo para inspiraros y lograr la sabiduría. Las palabras significan: *"Todos moriremos al final"*. Cuando honramos a los muertos, debemos hacerlo con sabiduría. Esas palabras no están hechas para quedar bien con el muerto, sino para enseñarnos "la verdad absoluta de la vida". El ritual de presentar respetos es profundamente educativo para uno mismo.

Piensa en lo brillantes que eran nuestros antiguos Maestros. Hábilmente, integraron la sustancia a cada paso del camino del ritual. Si comprendes el cántico *pali* como una lección en carne propia de que vas a morir algún día, habrás aprendido la manera correcta de atender a un funeral. Cada vez que tengáis ocasión de asistir a uno, aprovechad la ocasión para contemplar la muerte como es debido.

El cuarto medio para contemplar la muerte

Debéis recordar la muerte antes de ir a dormir. Antes de acostaros recitad: "Somos mortales. Somos mortales". Pensar constantemente en que vamos a morir, hará que no seamos negligentes en la vida. Seremos prudentes, no miraremos por encima del hombro a los demás. La gente que nunca piensa en su propia muerte, vive la vida sin demasiado respeto por los demás, metiéndose con todo el mundo, encontrando defectos a todos, satisfaciéndose con placeres mundanos, víctimas del deseo de fama, fortuna, halagos y felicidad, culpando siempre a los otros de las propias frustraciones. Pero, aquel que piensa en la muerte en cada respiración, incluso antes de abandonarse al sueño, será más humilde y su mente se iluminará pensando que no ha despilfarrado el tiempo en esta vida, que no lo ha malgastado mirando a los demás con aires de suficiencia.

Debéis disponer vuestra mente para progresar en el camino de la virtud y del bien.

Vive cada día como si fuera el último de tu vida

Al *venerable Budhadasa Bhikkhu* le preguntaron un día; ¿Cómo debe prepararse uno para afrontar la muerte de la mejor manera posible? Su respuesta fue esta: "Vive tu vida como si cada día fuese el último, haciendo tanto bien como puedas". Debes vivir tu vida prestando atención a cada paso del camino, a cada movimiento, a cada respiración. Actuando con vigilancia, tu vida estará cuajada de virtudes. No serás negligente mientras vivas la vida, ni te anticiparás a la muerte. Serás como aquellos trabajadores que, cuándo suena el timbre que señala el final de su turno de trabajo, abandonan lo que tienen entre manos y marchan a sus casas, libres de cargas y preocupaciones.

> *Dhuvam maranam;* La muerte permanece.
> *Avassam maya maritabbam;* Ciertamente, uno debe morir.
> *Maranapariyosanam me jivitam;* La muerte está al final de la vida.
> *Jivitam me aniyatam;* La vida es impermanente.
> *Maranam me niyatam;* La muerte es segura
> *Vata;* Es doloroso
>
> *Avam kayo;* Este cuerpo
> *Aciram;* No es duradero
> *Apetaviññano;* Sin esa alma
> *Chuddo;* Que deja atrás.
> *Pathavim; adhisessati;* Deberá yacer sobre de la tierra
> *Kalinggaram iva;* Como un palo, como un tronco
> *Nirattham;* Completamente inútil.

Estas palabras son una oración que nos ayuda a contemplar la muerte formalmente. Es como regar una planta. Cada vez que la riegas, las raíces absorberán el agua para alimentar las hojas, tronco, tallo y la ayudarán a crecer. Cada vez que contemplas la muerte, estás regando la semilla de la cautela y la vigilancia en tu corazón, para que florezca.

Contemplar la muerte un poco cada día, es equivalente a practicar diariamente el *dhamma* de la atención. La práctica de la atención forma la esencia del budismo. Practica un poco cada día. Será como poner agua en un vaso, gota a gota. El vaso se acabará llenando. La contemplación de la muerte realza la claridad de tu atención. Aquellos que están constantemente atentos son los Iluminados (arahants). La contemplación de la muerte es, por lo tanto, la base de la meditación de la sabiduría según el budismo y puede conducir al *nibbana* (nirvana).

El mérito de practicar la contemplación de la muerte es que vivirás tu vida con prudencia, dignamente, actuando lo mejor que puedas con los demás. Es también una piedra de toque para expandir la magnitud de la consciencia de la sabiduría.

LOS BENEFICIOS
DE CONTEMPLAR LA MUERTE

Respecto a los resultados de contemplar a la muerte, hay una anécdota contada por el Buda que dice así:

> Era una familia de seis miembros —el padre, la madre, el hijo, la hija, la nuera y la sirvienta— todos ellos decentes y virtuosos. El cabeza de familia enseñó a todos que la vida era inconstante, que la muerte era inevitable y que ninguno de ellos debía ser descuidado. Él les enseñaba a diario.
>
> Un día, el padre fue a trabajar al campo acompañado del hijo. En el trabajo, mientras cavaba junto a un hormiguero, al hijo le mordió una serpiente. Cuando el padre le encontró, ya estaba muerto y tenía la piel morada. La constante contemplación de la muerte hizo que no cayera presa del pánico. Consciente de la naturaleza de las cosas, se dijo a si mismo: "Ah, esta es la muerte de la que hemos estado hablando. Hoy nos ha tocado a nosotros. La muerte no es extraordinaria. Al final, lo que hemos aprendido, lo que hemos recitado, lo que hemos enseñado cada día, se ha manifestado ante nosotros".
>
> Ver la muerte del hijo, no afligió al padre. Lo cogió en brazos y lo puso debajo de un árbol. Regreso al trabajo en el campo para el resto de la jornada. Mientras estaba arando, un vecino pasó por allí. El padre le gritó: "Ve hasta mi casa, por favor, y dile a mi mujer en un susurro que prepare comida para uno y no para dos".
>
> Habiendo sido advertida de que debía preparar solo comida para uno, la esposa se dio cuenta de lo que pasaba. En lugar de sufrir un shock y lamentarse, preparó comida para su marido y pidió a la familia

que la acompañaran al campo. Las noticias del vecino no hablaban de una muerte, pero cada miembro de la familia sabía que se trataba de eso.

Al llegar al campo, la madre vio a su hijo muerto. La esposa vio a su esposo muerto. La hermana vio a su hermano muerto. La sirvienta vio a su amo muerto. No obstante, todos rodearon el cadáver, contemplándolo sin soltar ni una lágrima, sin gemir o lamentarse. Todos comprendieron la naturaleza de la vida y se dijeron: "Así es la vida. Nacer es el primer estado, la vivimos en la mitad y cesa al final".

La madre dijo: "Mi hijo nació de mí sin mi invitación. Se ha marchado tal como vino. Como una serpiente que muda la piel, el cuerpo estaba tan usado que tuvo que cambiarlo por otro". La esposa dijo: "Mi marido era como una pieza de alfarería. Después de haberla utilizado durante un tiempo, le había llegado el momento de romperse". Cada persona tomó su turno para expresar su compasión, pero no hubo llantos ni lamentos. Finalmente, entre todos ayudaron al padre a enterrar al hijo, y regresaron a la casa serenamente".

La muerte no pudo afectar a cinco personas, ni agraviarles, ni arrastrarlos hasta el desconsuelo por la pérdida. En lugar de eso, les proporcionó una mejor conciencia y cautela para vivir. Este es el beneficio de la contemplación de la muerte, aplicable a la vida de uno. Con buen sentido y atención, uno se aferra al *dhamma* cuando le afecta un terrible incidente y no deja que los engaños aparezcan.

Si contempláis la muerte lo suficiente, también seréis así. Yo mismo me incluyo. Mi hermano murió en un accidente. Fue tan repentino que me destrozó. Me afectó tanto que pensé que al encontrarme con la muerte le daría una paliza. Dos años más tarde, mi madre murió. Me pregunté por qué no había llorado, por qué estaba tan poco afectado. Encontré un cambio en mi mismo

–fue porque comprendía mejor el mundo y los hechos de la vida. Este es el beneficio de contemplar la muerte. Tú comprendes la naturaleza de las cosas, las entiendes y aplicas este conocimiento mental y emocional a las situaciones reales. No caemos en la depresión, y manejamos las situaciones con mayor competencia. En mis enseñanzas, yo puedo aplicar mis experiencias directas y predicar de un modo más eficaz. Este es un beneficio práctico de la contemplación de la muerte. Sin embargo, hay muchos más beneficios derivados de esta práctica, que resumo de la manera siguiente:

1. Vives sin descuido.
2. Dejas todo tipo de apegos.
3. No echas de menos tu vida pasada en este momento final.
4. Rechazas el mal y temes las caídas, eliges hacer el bien.
5. No codicias cosas materiales, puesto que las dejarás atrás finalmente.
6. Comprendes la impermanencia de las cosas.
7. No temes a la muerte.
8. Mueres en paz cuando llega tu momento.
9. Es la base de la meditación trascendental más elevada.
10. Tras la muerte, nacerás en una esfera más elevada, puesto que posees una mente sin manchas justo antes de morir.

Aquellos que contemplan la muerte constantemente, además de disfrutar de los beneficios actuales en la vida, hacen frente a sus últimos momentos con una mente impoluta. No dejan que la muerte les entristezca. Pueden mirar a la muerte a los ojos sin agitarse, sin entrar en pánico ni engañarse a si mismos. Desprovista de tales engaños, la mente es prístina. Pueden descansar en paz y moverse hacia un plano más elevado.

Moverse hacia un plano mas elevado no ocurre gracias a los rezos o a las fuerzas externas. Lo determina tu propia atención. Quien quiera vivir felizmente e irse hacia un plano más elevado de existencia, debe seguir practicando la contemplación de la muerte tan a menudo como pueda.

Mi segunda conferencia acerca de los métodos para meditar en la muerte titulada *Mira la muerte a los ojos* procede, de hecho, de una sesión previa basada en el *Sutra Pathama Maranassati,* acerca del cual me gustaría hablar más extensa y profundamente. Me voy a basar en el *Sutra Dutiya Maranassati,* que sigue al *Sutra* primero. La profundidad con que pueda abordarlo dependerá del tiempo que tengamos.

Ninguno es NADIE

Esta asamblea es para mi una conferencia no menos importante que las clases que doy regularmente en *Maha Chulanlongkorn Rajavidhyalai, Bangkok,* porque todos vosotros sois distinguidos representantes de empresas y agencias muy destacadas. A ojos del dharma, ninguna persona carece de importancia. Todos los seres son igual de importantes.

Leí la biografía de Jivaka Komarabhacca, distinguido curandero de la época budista. Se escapó de su casa cuando era muy joven y estudió medicina durante siete años. Para ser francos, pasó mucho tiempo estudiando sin obtener su certificado de graduación. Finalmente, se dirigió a su profesor y le preguntó: "Señor, ¿cuándo me graduaré? He estudiado durante siete largos años y echo terriblemente de menos mi casa". El profesor respondió: "Si quieres graduarte debes hacer una investigación. Dentro de un radio de dieciséis *yot* —un yot equivale a dieciséis kilómetros— estudiarás qué tipo de plantas, hierbas o árboles no pueden ser utilizados para la medicina porque carecen completamente de propiedades medicinales. Lleva a cabo esta investigación y regresa para informarme". Jivaka Komarabhacca desapareció durante un mes. Cuándo regresó, lo hizo con las manos vacías. Sus compañeros lo miraban con desprecio pensando que se lo merecía: "Mirad al brillante pupilo. Regresó con las manos vacías. No pudo encontrar nada. Ahora no se podrá graduar".

Sin embargo, el joven estudiante fue a ver al profesor: "Señor, en mi investigación descubrí que, en un radio de tantos kilómetros alrededor de nuestra universidad, no hay ni sola una planta que no tenga propiedades medicinales. Cada hierba, cada árbol, tienen propiedades curativas. Podemos utilizarlas todas para propósitos medicinales". Dicho eso, esperó a escuchar el veredicto del maestro, que sonrió complacido lleno de orgullo por la eficacia de su pupilo. Lo invitó a acercarse y le dio una palmadita en la espalda diciéndole "Muy bien, desde ahora, estás graduado en mi universidad. Eres un médico perfecto".

¿Cuál es el mensaje de esta anécdota? La respuesta es que no hay una sola planta o árbol que no tenga incorporada alguna propiedad medicinal. Ninguno puede dejarnos indiferentes. Con los seres humanos ocurre lo mismo. Cada uno de los asistentes a esta asamblea tiene su propio valor. Enseñe donde enseñe, aquí o en la universidad, soy plenamente conciente de que cada uno de mis oyentes cuenta, siendo así, debo tratar cada conferencia con igual importancia. Los oradores o profesores deben tenerlo presente. No importa quien integre la audiencia, no importa a quienes vayan dirigidas las enseñanzas, deben dar todo su potencial. Nuestro gran Buda dijo que Él pronunciaba sus sermones con la intensidad de un león cazando su presa. El león usa su poder por igual cada vez que sale a cazar. Cada acto del Buda, cada palabra pronunciada demostraban la misma consideración por los demás.

Es evidente que cuando Buda predicaba entre los cinco Panjavaggi (sus cinco primeros discípulos), utilizaba todo su potencial, y cuando hablaba delante de mil personas, predicaba desplegando todas sus habilidades sin menoscabar su capacidad porque todos eran igualmente importantes. Como las hierbas, plantas y árboles. A nosotros nos corresponde reconocer y explotar su valor.

Respetar el trabajo que nos corresponde; abordándolo con plena responsabilidad, empleándonos a fondo y con toda la capacidad intelectual, es el corazón del principio de contribución social a la que uno se dedica. Si queréis contribuir a la sociedad, hagáis lo que hagáis, hacedlo lo mejor que podáis. No a "medio gas". Si solamente hay cinco personas en la audiencia, y actúas como si se tratara de un acto insignificante, pero cuando entre el público hay celebridades y oradores importantes, das todo lo mejor de ti, estas mostrando una actitud, a todas luces, discriminatoria e inapropiada. Si te han dado la posibilidad de subir a un estrado, debes dar lo mejor de ti, sin ver a tus oyentes como gente simple, indigna que no está a la altura de tu "genio", gente poco distinguida, poco educada, poco intelectual. Debes pensar siempre que todo el mundo cuenta y tratarles lo mejor que puedas, del mismo modo que te gustaría que te trataran a ti.

Ahora pasemos al *sutra Dutiya Maranassati* (el segundo tratado acerca de la contemplación de la muerte). La última vez, expuse una variedad de puntos de vista acerca de la contemplación de la muerte y expliqué claramente por qué debemos contemplar a la muerte y por qué debemos aprender sobre la muerte cada vez que tenemos oportunidad. Vamos a examinar lo dicho con mayor profundidad y elaborando más los temas.

EXISTE UN GRAN NÚMERO DE CAUSAS DE LA MUERTE

En el *Sutra Dutiiya Maranassati*, el Buda recomendó los medios de la meditación en la muerte a una asamblea de monjes, también destacó los beneficios de la contemplación de la muerte.

En primer lugar, dijo, hay muchos medios para contemplar la muerte, pero el principal ocasionará efectos tremendamente positivos. Tiene la inmortalidad como fin. Pero ¿qué es la inmortalidad? Literalmente traducido, significa *nunca* tener que morir, aunque el significado inherente de la inmortalidad es *nibbana* porque este estado existe para siempre y no está sujeto al tiempo, ni al espacio, ni a los individuos. En otras palabras, independientemente de si Buda alcanzó la Iluminación o no, de si la Tierra existe o cesa, de si los hombres son rectos o no, de si tratan de encontrar un valor que acabe con el sufrimiento o no, el estado de *nibbana* siempre está ahí. Esto debería confirmar que los medios hábiles y cuidadosamente implementados para contemplar la muerte, bajo la guía del Buda, conducirán al *nibbana*, último objetivo del ideal budista.

Así pues, El expuso la quintaesencia de la contemplación de la muerte. Bajo la disciplina del *dhamma*, debemos contemplar la muerte noche y día. Siendo la razón que meditar en la muerte aumenta la atención hacia la propia mortalidad, pues las causas de la muerte son numerosas:

1. Muerte por una mordedura de serpiente.
2. Muerte por una picadura de escorpión.
3. Muerte por la mordedura de un ciempiés.
4. Muerte por un tropiezo.
5. Muerte por indigestión.
6. Muerte por inflamación de la vejiga.
7. Muerte por incremento de la flema.

8.   Muerte por acidez.
9.   Muerte por un ataque de un humano.
10. Muerte por un ataque de un no-humano (una bestia como un tigre, un elefante, etc.).

Si la muerte viene a ti brusca y repentinamente, debes tener cuidado con las impurezas de tu corazón que pueden enviarte a un renacimiento desagradable.

Estas causas se refieren a la muerte en la época del Buda, que murió hace mucho tiempo, hace unos dos mil quinientos años. Evidentemente, las causas mencionadas por el Buda, como una mordedura de serpiente, una picadura de escorpión, una picadura de ciempiés, eran relevantes antaño. Las causas de la muerte por entonces aún no eran complicadas, porque los monjes vivían y se movían en la jungla. Sus vidas, por lo tanto, estaban amenazadas la mayoría de las veces por la vida salvaje y por los peligros que ahí se encontraban. Sin embargo hoy, con el mundo concebido como una aldea global, estamos expuestos a más factores complejos que pueden causar la muerte, factores inconcebibles e inimaginables por aquellos que vivieron hace tanto tiempo.

El otro día había un artículo en el periódico que explicaba la historia de un estudiante que estaba en la audiencia de un programa de TV, en el Canal 3, y que fue llevado a su casa en autobús al finalizar dicho evento. Desgraciadamente, se cayó del rápido autobús y murió.

Solo pensadlo. Una mujer joven fue a llevar a cabo algunos simples compromisos y, al regresar a su casa, se encontró con la muerte de la manera más inesperada. Fue un accidente fortuito. Peor aún, el lugar donde murió no fue ni la jungla, ni un lugar de perdición lleno de de criminales peligrosos, sino en el corazón de Bangkok, una de las ciudades más desarrolladas de Asia.

La historia nos conduce a un hecho obvio –lo que puede causar la muerte hoy en día, está tan cerca como la punta de nuestra nariz. La muerte puede sobrevenirte incluso en una zona muy desarrollada. En otras palabras, el mundo moderno no nos amenaza con picaduras de escorpión o picaduras de serpientes u otras bestias salvajes como lo hacía antaño, sin embargo, las vidas humanas no corren menos peligro. Al contrario, las amenazas a la vida humana en el mundo moderno son innumerables y mil veces más terroríficas que en los días del Buda. Los tigres, elefantes, serpientes y bestias del mundo moderno atacan a la gente con un terror y ferocidad ilimitados. Las vidas urbanas no tienen menos peligro que las vidas de antaño.

Hace unos pocos días, un niño estaba hablando por teléfono con su amigo. Mientras se estaban divirtiendo hablando, ¡Boom! De repente, su móvil explotó. Si no lo hubiese tenido pegado a la oreja, probablemente no habría muerto… Sin embargo, aunque un teléfono móvil no explote, si hablas cada día, continuamente y disfrutas tanto con ello que no eres conciente del tiempo que pasas pegado al celular, tu gozo puede convertirse en dolor sin notarlo porque podrías desarrollar un cáncer. Si es cierto o falso todavía no se sabe, pero hay advertencias de que hablar mucho por el teléfono móvil provoca cáncer.

Las causas de la muerte para nuestros contemporáneos son más numerosas. Los amantes se sientan en el coche para hablar toda la noche. A la mañana siguiente los encuentran muertos por inhalación de humos o asfixiados por la falta de oxígeno, ya que el aire condicionado estaba puesto y las ventanas cerradas. La muerte no discrimina por la edad. Incluso visita a niños pequeños en la escuela primaria sin avisar. Un buen día, un dulce anciano fue tan amable que llevó una partida de leche para alimentar a toda una escuela. Luego se descubrió que la leche estaba en mal estado y la mitad de los estudiantes fueron hospitalizados con distintos grados de intoxicación. Puedes ver que muchísimas cosas, pequeñas y simples, pueden ser potencialmente fatales.

Las sabrosas y vistosas verduras que envenenadas con pesticidas nos pueden llevar a una muerte lenta a causa del veneno. El producto que crece para venderse a los consumidores y el que aprovechan los granjeros para consumo propio, son de diferente calidad. El último es consumido por insectos y granjeros, mientras que el primero, que se vende en los supermercados, se ve perfecto, apetecible y no ha sido tocado por ningún bicho. Pero representa una amenaza para la salud ya que está tratado con sustancias tóxicas que nos ofrecen gratis a los consumidores.

El viaje aéreo se considera el modo más seguro para viajar pero, de hecho, es una amenaza para la vida en todo momento. Muchos factores pueden ocasionar un accidente, turbulencias causadas por bolsas de aire o tormentas que pueden dañar el funcionamiento de un motor. Es lo mismo si viajas en autobús. Hay más de cien accidentes, choques y volteos cada día y cada noche en Tailandia.

Yo tengo que viajar en avión muchas veces. Cada vez que subo a un avión, me preparo para la posibilidad de morir, el aparato puede estrellarse en cualquier momento. Consecuentemente, sentado en mi asiento durante el vuelo, no me aferro a la vida. Me preparo para lo peor. Si el avión debe estrellarse, moriré con él. Así pues, siempre estoy preparado para encontrarme con la muerte. Estés donde estés, en tierra o en el aire, no puedes escapar de la muerte.

Un día, mientras estaba leyendo el periódico, el filo de una hoja me hizo un corte en el dedo. Con la sangre brotando pensé: "la vida es más frágil que el cristal". Una simple hoja de papel de periódico, puede hacernos sangrar. Esto demuestra lo inconsistente que es la vida. Quien diga que su vida es prodigiosa e invencible, quien sea presuntuoso y se engrandezca a si mismo, quien dirija su vida como si la muerte estuviese muy lejos de él, es un necio. En el mundo real, la muerte está al acecho, próxima a cualquier cosa a la que estamos expuestos. Incluso en el periódico que leemos cada mañana, o en un libro que estudiamos para instruirnos, cuya tinta amenaza nuestra respiración, esa contaminación tóxica nos pone en peligro ante alergias o enfermedades respiratorias.

Hace unos cuantos días, había un informe en el periódico que hablaba de un anciano muy rico que murió en un motel de carretera, mientras pasaba la noche con su amante. Sus hijos no tenían ni idea de dónde había ido su padre, hasta que se enteraron de su muerte por los periódicos. Había escapado de la monótona rutina de su vida en busca de gratificación personal pero, en lugar de eso, lo que obtuvo de su escapada distaba mucho de la felicidad.

Se cuenta el caso de una persona que estaba cenando felizmente con su familia y, de repente, se ahogó con un trozo de comida obstruyendo su tráquea. Murió por asfixia. Una persona mayor entró en su bañera para asearse, resbaló y se cayó golpeándose la cabeza con el grifo, le encontraron muerto. Otra mujer rica apareció recientemente en las portadas. Tuvo una muerte terrible, después de tragarse de golpe ocho trozos de *durian* 1(fruta exótica típica de Tailandia). Hasta la comida más deliciosa puede causar la muerte.

Unos chicos que pasaban el tiempo navegando por el ciberespacio, acabaron asesinados en lugar de ser instruidos. Hay incontables ejemplos de sucesos tan tristes como estos, causados por peligrosas páginas *web,* que incluso dan instrucciones para llevar a cabo el suicidio. No penséis que la tecnología moderna avanzada es inofensiva. Las causas de la muerte están al acecho en todas partes en el mundo moderno, en la pantalla del ordenador, en el cableado telefónico y en la propia televisión.

Algunas páginas *web* hacen algo peor que dar instrucciones para suicidarse. Muestran métodos homicidas en directo, para que todo el mundo los vea. En particular, estos asesinatos *online* abundaron durante los ataques de los Estados Unidos de América y sus aliados, a Irak en 2003. Los asesinatos diarios de seres humanos se convirtieron en una escena familiar de tragedia, observada por todo el mundo; simples y cotidianos sucesos de nuestros días y en esta era.

En Japón, hay un puente donde gran número de gente salta al vacío y muere cada año, especialmente durante el periodo de los resultados de exámenes de acceso a la universidad. Los candidatos que se quedan a las puertas, desesperados, eligen este puente para terminar con sus vidas. En esa época del año, las autoridades tienen que montar guardia en el puente porque es la elección más popular para saltar al vacío de entre los estudiantes decepcionados. En Corea, una estrella del pop se suicidó por problemas personales. Cuando eso se convirtió en noticia, muchísimos fans enloquecidos lo hicieron también. El suicidio parece que se ha convertido en algo que está *"in"*.

Evidentemente, junto con las causas naturales de la muerte, ahora hay un creciente número de *Muertes Desacertadas* —los suicidios provocados por un deseo de estar de moda. La fascinación de esta época, en los países desarrollados, es el suicidio dedicado a las estrellas del pop, superstars, e ídolos de adolescentes. Tarde o temprano eso se extenderá hasta Tailandia, sin lugar a dudas.

La muerte también puede ser causada por muchas formas impredecibles de contaminación química en la comida, viajando, por competir en los negocios, así como por la peculiar naturaleza de los trabajos urbanos. Estos factores complejos, que contribuyen a una posible muerte, han acortado mucho la vida de la gente moderna, impidiéndonos llegar a los cien años, como en la época del Buda. Este es el estilo de vida moderno, repleto de condiciones precarias en el medio ambiente.

Cuando yo era un joven novicio, hubo una vez un monje que no se despertó del sueño. Mi mejor amigo, que era novicio también, dormía debajo de su litera. Normalmente se despertaba temprano pero, aquella mañana, pensando que su mentor seguía durmiendo, agradeció poder dormir también hasta más tarde, sin darse cuenta de que el monje que estaba en la otra cama había muerto durante la noche.

Cuando se supo, comprendieron que la muerte había ocurrido hacía bastantes horas. A raíz de aquello, el monje novicio en cuestión, dejó la costumbre de dormir hasta tarde para el resto de su vida. ¿Cómo? Aquella noche, había estado durmiendo en compañía de un cadáver y aquello le marcó. Este es otro ejemplo en el que la muerte hace acto de presencia incluso cuando estás durmiendo, sin mostrar ningún tipo de signo de fatalidad.

Yo conocí a un monje que era el secretario de su congregación. Tenía una dolencia cardiaca y la presión muy alta. Si bien es poco frecuente que los monjes sufran enfermedades provocadas por causas mentales debidas al estrés, ya que practican más *dhamma* que la gente laica, este razonamiento no siempre es cierto, como prueba el ejemplo de este monje secretario.

El monje en cuestión tenía un problema de corazón y la presión alta por el constante estrés de su trabajo. Una vez el abad del monasterio, que era también su superior, le pidió que escribiera una carta oficial. Se pasó todo el día escribiéndola, corrigiéndola una y otra vez. Sin embargo, por más que corregía, el superior no estaba satisfecho. Aún en el quinto intento de reescribir la carta, el superior se empeñó en encontrarle fallos. Esta vez, el secretario se desmayó. Estuvo hospitalizado durante una semana. Pudo salvar su vida justo a tiempo, arrancándola de las fauces de la dolencia del corazón y del estrés causado por su trabajo. Afortunadamente para él, dimitió de aquella difícil obligación, justificando su dimisión con el argumento de que aquel trabajo acortaría su vida. Haber hecho unas pocas buenas acciones para tener una larga vida no le garantizaban la longevidad, porque el factor humano en su entorno era una mayor amenaza para su salud.

Quien sea que trabaje para un superior inestable, debe valorar cómo va a afectar eso su calidad de vida. Yo mismo he pasado por esta experiencia. Así que decidí no tener un jefe nunca más en esta vida. A veces ocurre que estamos bien mentalmente, y nos sentimos contentos, pero la compañía de un jefe malhumorado, irascible y caprichoso nos acaba poniendo de mal humor. Cuando somos presa del mal humor, perdemos la calma y tenemos más tendencia a acabar perdiendo también la salud por culpa de está situación.

Cuando vivía en otra provincia, el templo donde me encontraba tenía varios centenares de monjes residentes.

Puedo decir que el día en que el abad estaba de mal humor, ese mismo mal humor infectaba todo el monasterio repercutiendo en la atmósfera, al final todos se volvieron ariscos y quisquillosos.

El caso en cuestión sirve para demostrar que un jefe irracional y temperamental es otra causa potencial de muerte prematura. También me gustaría aconsejar a aquellos que están en una posición superior, que mostraran compasión por sus subordinados. Tu actitud perjudica a tus subordinados, y más aún, afecta incluso a tu esposa y a tus hijos quienes, a su vez, lo transmiten a su entorno. Por lo tanto, la sociedad resulta indirectamente afectada. Una sociedad llena de gente con mal temperamento es un lugar horrible para vivir. Si no me creéis ahora, intentad comprobar esta teoría observando a vuestro alrededor. Cuando el primer ministro está de mal humor, el país entero también percibe la atmósfera desapacible, pero cuando él está positivo y sonríe felizmente, millones de personas en el país tienden a sentirse invencibles también.

Estas son las posibles causas de muerte que nos rodean. Algo que no debemos pasar por alto es que la gente temperamental e irascible tiene un riesgo más elevado de morir antes de tiempo —bien sea la muerte física o la muerte inter-personal. La primera significa que pueden sufrir un ataque al corazón o un derrame cerebral por un violento enojo. La segunda significa que nadie quiere estar cerca de una persona que tiene un mal temperamento. En su medio social o en el trabajo, venga de donde venga la persona malhumorada, su entorno se dispersa. Nadie quiere estar a su alrededor, le evitan como evitan el sol caliente y abrasador, cuyo resplandor es tan fuerte que todos prefieren buscar una sombra para cobijarse. Un jefe colérico es como ese sol descrito anteriormente. Nadie quiere estar cerca de él. Desagradable e intimidante, todos rehúyen su compañía.

Pero una persona que irradia amor y amabilidad desde su corazón es como la luna radiante, emitiendo una luz suave y fresca, y una plétora de estrellas la rodea. En la noche, mirar a la luna en el cielo estrellado da una sensación cálida y dulce que invita a estar cerca. El sol brillante deslumbra, ahuyenta a la luna y a las estrellas para quedarse solo. Debemos preguntarnos a nosotros mismos si queremos ser el sol o la luna.

Un individuo con la personalidad del sol hace a la gente desgraciada e improductiva. Alguien con la personalidad de la luna, crea felicidad y provecho, y acrecienta la vida de los que están a su alrededor. El enfado es un factor que acorta la vida.

Abundando en las posibles causas de la muerte, el Buda remarcó: "Contemplad bien a la muerte". La conciencia de la muerte tiene los siguientes beneficios:

1. Te permite comprender la naturaleza de las cosas.
2. Cuando la comprendes, puedes vivir tu vida con plena atención.
3. Cuando vives tu vida con plena atención, aceleras tus acciones meritorias.
4. En el momento de tu muerte, no haces nada incorrecto ni te descarrías.
5. Es la base para los niveles más elevados de meditación en la sabiduría.
6. Te garantiza tu nueva esfera como ser. Los que desarrollan su consciencia de la muerte, aunque no hayan alcanzado la iluminación (*nibbana*), nacerán en una esfera más alta.

El Buda nos enseñó a contemplar la muerte día y noche. Contempla cada día. Contempla cada noche. Con cada aliento, al inspirar y al expirar. Si alcanzas este punto, serás un Iluminado en la inmortalidad. Este es un paso hacia el *nibbana*.

El *sutra* finaliza justo aquí. De ahora en adelante, elaboraré mi discurso basándome en las directrices expuestas en el *Visuddhimagga,* para prestarle mayor claridad

En el texto *Vissuddhimagga,* escrito por Phra Buddhaghosajarn, la conciencia de la muerte se contempla a través de un buen número de ejemplos. Son estos:

1. Bajo la apariencia de un verdugo.
2. Desposeyéndote de lo tuyo.
3. A través de analogías.
4. Visualizando el cuerpo como el hogar de una plétora de gusanos.
5. Viendo como te deterioras con la edad.
6. Viendo que la muerte no avisa.
7. Por la limitación del tiempo.
8. Por la brevedad del espacio de vida.

LA MUERTE ES COMO UN VERDUGO

Bajo la apariencia de un verdugo

En tiempos pasados, cuando un prisionero debía ser ejecutado, le sentaban atado a una estaca, con las manos atadas a la espalda y los ojos vendados con una cinta roja. El verdugo colocaba la afilada hoja del hacha en su cuello para apuntar mejor el golpe, asegurando de este modo su decapitación.

Mas tarde, en la ejecución se sustituyó este método por el de un escuadrón de disparo. El convicto era amarrado a la estaca, atado de pies y manos. El verdugo apuntaba bien y apretaba el gatillo.

Hoy la ejecución adopta una forma "más humana". Al convicto, tumbado en la cama, se le inyecta un veneno que destruye su sistema nervioso hasta que el corazón se detiene. En algunos países, sientan al prisionero en una silla eléctrica y la electricidad quema su sistema nervioso. De este modo el prisionero muere al instante.

Sin embargo, sea cual sea la forma que adopte la ejecución, el que va a morir se enfrenta al mismo terror, y lo manifiesta con síntomas similares –inquietud, distracción, o imposibilidad de pensar en algo bueno. Su mente está centrada en el momento inminente de la fatalidad, como un pecador esperando el juicio final del Todopoderoso. En algunos casos, el prisionero muere por un fallo cardíaco, incluso antes de que la espada toque su cuello ya que el miedo ha penetrado en su corazón y le ha causado la muerte antes de que la daga o la bala del verdugo le rocen. La verdadera causa de su muerte ha sido el miedo, y no la propia ejecución.

¿Por qué muere un reo a causa del miedo a la muerte? La respuesta es simple. De todas las cosas terroríficas en la vida, nada es más atemorizante que el miedo a la muerte. Vayamos a pensar en eso que tanto tememos. La muerte es el peor terror de la humanidad.

Una vez, fui de peregrinación y acampé en medio de un bosque en una noche de luna llena. Cuando miras a la luna desde algún lugar fuera del bosque, la ves realmente preciosa pero, sentado solo bajo la sombra de un baldaquín en medio de la maleza, en silencio total, sin el alegre sonido de los pájaros, no se ve tan bonita. Observar la calma de las hojas adormecidas, los interminables árboles, más altos de lo que alcanza la vista, contemplar la luna a aquella hora de la noche se convierte en algo turbador y solitario. Su belleza ha desaparecido.

La luna que calienta los corazones, la que es alegre y romántica, se torna en fuente de terror. La misma luna. ¿Por qué debería dar una impresión tan diferente? La luna vista desde debajo del baldaquín parece amenazarnos, desolada y solitaria, resulta inquietante.

Aquella noche, lo recuerdo, era la luna llena de la *puja de Visakha* (en la luna llena del sexto mes lunar, se conmemora el nacimiento, la iluminación y la muerte del Buda), ello me animó a llevar a mis monjes a pernoctar en la selva. Deseé poder dedicarle cada una de las horas de aquella noche al Buda. Era un acto de homenaje al iluminado. La razón por la cual me aventuré a adentrarme en esos parajes remotos, era la confianza en mi mismo de que ya no le volvería a temer nada.

Aquella noche solo tenía un cuenco en mi tienda. Me lo había dado el monje que me ordenó. Me aferré a él como mi único consuelo. Un miedo traicionero se había deslizado sigilosamente y capturado mi corazón, sin nadie a la vista que pudiera salvarme. Me postré ante el cuenco, pensando en el rostro del monje que me había dado los votos, recé: "No tengo a nadie más; eres mi último recurso así que, por favor, ¡dame protección!" Acabé durmiéndome al lado del cuenco casi al amanecer. Extrañamente, bajo determinadas circunstancias, un objeto inanimado como un simple cuenco, puede proporcionarle a uno seguridad.

Al alba, me pregunté qué había temido tanto. ¿Por qué había temblado de temor mientras meditaba la noche anterior? La respuesta que me vino fue: el temor físico y mental son debidos al miedo irracional. ¿Qué causó ese miedo? ¿De dónde venía aquél horror? Claramente, en esos momentos, el miedo no viene del cerebro. El cerebro no causa ese tipo de mortificación. Este miedo viene de dentro de ti, de lo más profundo de tu corazón. Independientemente de que lo racionalices, no puedes dejar de estremecerte. El hecho es que no hay fantasmas, sino que el terror te ataca invadiendo todo tu ser, de pies a cabeza. Tanto fue así, en mi caso, que me impidió dormir hasta casi llegado el amanecer.

Mirando a la luna resplandeciente en el cielo, por encima de las copas de los árboles, mi *sanya* (discernimiento), formado por los recuerdos pasados, evocaba visiones de películas que yo había visto en mi juventud. Mi mente fue arrastrada a las oscuras noches del pasado, que se acoplaron a una imaginación presente que se había desquiciado.

Las noches de luna llena han sido mitificadas con la aparición de lobos, vampiros, Drácula y apariciones de demonios e historias sobre fantasmas. Historias que no vienen a la mente en circunstancias normales, incluso algunas de esas historias han sido olvidadas hace mucho tiempo. Pero en la jungla, esas temibles visiones regresan clara e injustificadamente con todo lujo de petrificantes detalles. ¡Vaya!, la mente es rapidísima para producir toda esta serie de imágenes tan vivas.

Aquel árbol burmés negro, que vi durante el día como una ofrenda en forma de sombra que me daba cobijo, convirtió esa agradable sombra en algo atemorizante cuándo cayó la noche. Asustado por si algo o alguien pudieran estar escondidos debajo de aquella oscuridad protectora, bajo aquel mismo árbol donde yo había colocado mi tienda pensando: este es un buen sitio; un buen refugio para protegerme del sol y la lluvia. Pero, la noche cambiaba mi manera de pensar. Seguía preguntándome si habría algunos guardianes selváticos habitando entre sus ramas. ¿O serían fantasmas? Mirando hacia el árbol Bo, había pensado que era como un ángel guardián ofreciendo protección. Pero, de repente, veía otro árbol *bo*, alucinaba y percibía un dios vestido de blanco saliendo de aquel árbol *bo*. En aquella noche de luna llena, solo en medio del bosque, tuve que luchar contra mi propio miedo hasta poder derrotarlo.

Una vez hice una peregrinación a Suan Moke. Allí, estaba previsto que yo estuviera en la casa más alejada, como si se tratase de alguna prueba o tribulación. La organización del templo me puso lejos de todo el mundo. Cada árbol medía más de diez metros de alto. La noche estaba bendecida por una luna llena. La luz de la luna relucía en las hojas, humedecidas por la lluvia del día, brillaban en la oscuridad como si alguien hubiera esparcido miles de diamantes en las miles de hojas. La choza que se me asignó era inaccesible para los demás, ya que había un árbol de la talla de tres o cuatro brazadas humanas tirado en medio del camino de acceso. Pensé, descorazonado, que no habría modo alguno de escapar de un hipotético fantasma por esta ruta, con un árbol entero bloqueando el camino.

Las cabañas de los monjes estaban repartidas en mitad de la selva, separadas entre si por diez o quince metros. Yo pensaba que, tras estudiar extensamente los trabajos del Venerable Buddhadasa Bhikkhu, debía ampliar mi educación de libro de texto, encaminándome hacia otro tipo de aprendizaje y vivir experiencias directas. Me aventuré así en busca de la vivencia real. En Suan Moke, los monjes tienen que dormir con una almohada de madera en una estrecha choza cuadrada de la longitud de un cuerpo humano, es decir, tumbado, con la cabeza tocas una pared y con los pies, la otra. Aparte de una vela, una lámpara de keroseno y una almohada de madera, no había otras comodidades en la choza. Los monjes que se adentran en este austero y remoto entorno monástico, afrontan "el estudio de la mente" más que "el estudio del libro de texto". Las condiciones extremas en sus cabañas tienen el objetivo de despojarles de los placeres mundanos.

Mientras estuve allí llovía durante el día. Solamente tenía una muda de ropa. Planeé llenar el día con ejercicio físico para cansarme y así poder dormir fácilmente por la noche. Planeé caminar sin parar hacía la cima del Buda Thong. Así dormiría de un tirón.

Pero ocurrió que cuando regresé, exhausto, me invadió un miedo atroz. Me pregunté qué o quién me estaba asustando. ¿Era el fantasma del Venerable Buddhadasa? ¿O los de los maestros y profesores fallecidos? Esta congoja hizo que me sentara y empezara a rezar. Pero, lo creáis o no, fui incapaz de llegar a recitar una simple oración de *itipiso,* que cualquier chaval se sabe de memoria, tal era el terror que se apoderó de mi corazón. Ni siquiera pude acabar la oración de *metta,* para extender el amor bondadoso. ¿De dónde venia aquel miedo? Me levanté y contemplé mi propio miedo. Observé la luz de la luna brillando sobre las hojas, el vaivén de los árboles mecidos por el viento. Justo en aquel momento, un gibón saltó desde ningún sitio, cruzando la ventana hacia el árbol más cercano. Aquel simple salto me hizo sentir un pánico mortificante. Nunca me habían castañeado los dientes de terror, pero es lo que me pasó aquel día. Estaba tan asustado, tan horrorizado, tan aterrado, mortificado y petrificado que continué preguntándome de que tenía tanto miedo, ¿de los fantasmas o de la muerte?

El Venerable Cha Subhaddo, el abad de Wat Nong Pa Pong, Amphoe Warin Chamrap, provincia de Ubon Ratchathani, una vez les contó a sus pupilos sus muchas peregrinaciones, que le habían llevado a pasar por tribulaciones serias. Una vez, viajó hasta un remoto cementerio para meditar. Acabó tan aterrorizado que, al día siguiente, orinó sangre. Aquel día había sido muy raro desde el principio —dijo—, desde que empezó a montar su tienda. Llegando al cementerio, buscó un sitio donde instalarse, tras clavar el primer palo, vio pasar un cadáver delante de él. Era el de un niño que iba a ser incinerado en el lugar. Observando la cremación, pensó que la utilizaría como herramienta de meditación. Después del funeral, los familiares cortaron la litera de bambú con la que habían transportado el cuerpo del niño, convirtiéndola en una pequeña tarima que podía servir para sentarse una persona. Le invitaron a que la utilizara para meditar. Sentado en aquella plataforma, echa con la litera de bambú que había albergado un cuerpo muerto, no podía evitar que un escalofrío recorriera su espina dorsal. Solo pensarlo, le resultaba espeluznante.

Allí se quedó, solo, toda la noche, contemplando las brasas de la pira funeraria consumirse lentamente. Ráfagas de viento soplaban avivando el fuego, que luego moría a intervalos. Apartado de todo, en mitad de la jungla, aquellas llamas intermitentes causaban un efecto que le helaba el corazón. Pero ahora, la quietud que le rodeaba acentuaba el sonido del fuego como nunca. Rezó y meditó hasta muy tarde. Cuando cerró los ojos para dormir, escuchó un ruido, como si un árbol hubiese sido derribado. Después del ruido, y de que la tierra temblase, sintió la amenaza de los pasos de una persona acercándose. El intruso se detuvo frente a la tienda. Sintió unas manos largas tratando de arrancar la tela que le cubría. Entretanto, escuchó otro estruendo que duró algún tiempo. Entonces se produjo un chasquido, como una explosión en la pira funeraria. Las explosiones se sucedían. Ignoraba lo que se estaba quemando en medio de la pira, pero las luces fueron propagándose desde la hoguera, emitiendo flashes por todo el cementerio. Luego todo se quedó a oscuras. Los árboles y la vegetación se agitaban sin parar. Alguien –o algo–, corría hacia la tienda y regresaba. El Venerable Cha luchó con sus fantasmas desde bien entrada de la noche, hasta casi el amanecer.

Mientras el horror lo amenazaba de muerte, él juntó todos sus sentidos para preguntarse de qué tenía miedo. Finalmente, tuvo que controlarse y darse cuenta de que este terror era, por supuesto, el miedo a la muerte. Su propia investigación le permitió concluir: "y... ¿no debemos morir todos al fin y al cabo? La respuesta fue: "Si, todos moriremos algún día. Entonces, ¿por qué debemos tener miedo? La muerte está dentro de nosotros, no fuera". Pensando así, la atención impregnó todo tu ser, demoliendo el miedo como si de un castillo de arena se tratase. La razón se apoderó de él y pudo superar el miedo completamente. Sin embargo, no fue hasta casi el final de la noche cuando ganó su batalla al miedo. Con la luz del día, abrió su tienda, obedeciendo a la llamada de la naturaleza, y vio que su orina estaba mezclada con coágulos de sangre. Se había aguantado la necesidad, para evitar salir de noche, aterrado por sus fantasmas. El terror se había apoderado de su corazón, y casi le arrebata la vida, antes de que se diera cuenta de que sus fantasmas eran simples ilusiones provinentes de su propia imaginación.

Esto es lo que los monjes budistas enfrentamos a lo largo de nuestros estudios del *dhamma*. Aquellos monjes ordenados que no han pasado por estas experiencias en medio de la jungla, son considerados inexpertos y faltos de mérito. Los soldados que nunca han estado en la guerra, en combate, o en campo de batalla, no pueden afirmar plenamente que sean soldados. Del mismo modo, los monjes que nunca han estado de peregrinación en la jungla, no conocen plenamente la validez del *dhamma* que han aprendido. Tales penurias en la jungla son un sello de garantía de su aprendizaje.

Yo mismo las he tenido que pasar. Aunque no llegan ni a una pizca de la rigurosidad con la que se encontraron mis maestros, he aprendido suficientes lecciones. Ahora, mi miedo a los fantasmas ya no tiene la trascendencia de antaño. Les digo: "Vamos, acercaros y sed mis huéspedes seáis quienes seáis, fantasmas. Por favor, manifestaros". Y aunque se manifiesten realmente, voy a sentarme a charlar con ellos, ver como son, entrevistarlos, recoger material en bruto y tomar notas. Desde que mi mente ha sido ungida con esa determinación, los fantasmas que yo temía no se han vuelto a presentar. Todavía estoy buscando la cooperación de los fantasmas para considerar la verdadera identidad de los tan temidos espíritus.

Durante mi noviciado, cuando necesitaba ir al baño por la noche, tenía que ir acompañado de dos personas. Yo me sentaba en la taza, mientras mis dos compañeros esperaban fuera sin parar de hablar, para que no se hiciera el silencio. Cuando era un joven novicio, tenía mucho miedo a los espíritus; era desesperante. Pero al crecer, mi miedo desapareció gradualmente dando paso al deseo – un deseo de saber, un deseo de comprender, un deseo de encontrarme con esos fantasmas para poder disipar mis dudas, y así poder explicar con orgullo a los demás cómo eran. Aunque, de hecho, nunca he recibido ninguna cooperación de los espíritus.

En resumen, ahora estoy bastante seguro de que lo que tememos no está fuera, sino dentro. El miedo último es el miedo a la muerte. Así pues, el Venerable Buddhaghosajarn nos enseñó a contemplar a la muerte, viendo a la muerte como un verdugo que coloca su daga en nuestra garganta. El nos enseñó a recordar permanentemente que la muerte no está tan lejos, sino muy cerca de nosotros. No podemos escapar a su control, desde el momento en que el nacimiento y la muerte están inevitablemente unidos.

¿Has observado alguna vez la tierra en la temporada de lluvias, de buena mañana después de un chaparrón? Se ven distintos tipos de hongos brotando del suelo. Al recogerlos, encontramos suciedad y tierra pegada en ellos. Del mismo modo, cuando nacemos, la muerte está adherida a nosotros. Porque, naturalmente, se acompañan uno y otra. Cuando levantamos una mano, tenemos la palma y el dorso en lados opuestos, de manera natural van siempre juntos a todas partes. La muerte acompaña al nacimiento. Así que nunca pienses: "No voy a morir todavía. Tan solo tengo cuarenta años, la vida está justo empezando". Nunca creas eso. Es tan solo un pensamiento occidental para consolarse uno mismo y creer que todavía se es joven. Aquellos que se comportan así, son escapistas románticos. Intentan huir de la verdad de la vida, por miedo a tener que encararse con la muerte y la vejez. Por lo tanto, en lugar de escapar de la muerte engañándote a ti mismo, debes hacer frente a la realidad y seguir contemplando que la muerte está al final de la vida.

El momento final de nuestra vida no queda tan lejos. Nadie puede escapar de la muerte. Cuando el sol sale al amanecer, se eleva a través del cielo para alcanzar el punto más alto al mediodía, y descender al final de la tarde. Cada día durante años, durante eras, el sol ha subido y bajado del cielo a diario. Es inconcebible que el sol suba un día y no vuelva a bajar. La vida no es diferente.

Todas las vidas tienen un principio, permanecen en el medio y cesan al final. La constante contemplación nos guiará para conocer la verdad de la vida, que nos habla de que la muerte no está tan lejos. La muerte es como un verdugo sosteniendo una daga apuntando a nuestra garganta. La espada es la muerte que libra el verdugo, lista para ejecutarnos en un instante. Descuídate de eso, y estarás muerto antes incluso de enterarte.

Una vez comprendas que la muerte está cerca, tendrás consideración por ti mismo y amarás la vida, sentirás escrúpulos y vergüenza ante tus vicios, y apreciaras tu existencia. Tu patrón de conducta te transformará en una persona que vive según el *uppamadadham* (el *dhamma* de la atención, que supera la negligencia y el descuido).

Desposeyéndote de lo tuyo

La desposesión viene con el declive, la desintegración, la separación y la pérdida. Piensa en lo que posees. Al nacer éramos tiernos bebes. Pero, ¿Acaso esa frescura permanece como antes a día de hoy? Fuimos críos. ¿Perdura la infancia? Estuvimos en la flor de la vida y gozando de salud. A día de hoy, ¿mantenemos está salud de hierro? Algunos de vosotros erais adorables y atractivos. El conductor de un autobús se detenía solo para poder mirarte embelesado. ¿Acaso esa belleza permanecerá siempre? Aunque tu belleza fuera capaz de eclipsar el brillo del sol, ocultándolo detrás de las nubes, ¿te verás así toda tu vida? De ningún modo. La juventud, que es el amanecer de tu vida, decaerá y te harás viejo.

Tengamos lo que tengamos, posesiones o propiedades, tarde o temprano nos dejarán. La edad, la salud, la familia, los seres queridos, la fama, la fortuna y, finalmente, el aliento que creemos que nos pertenece, van a decaer irremediablemente.

El rey Asoka fue un gran emperador que gobernó casi todo el continente sur, la zona que actualmente cubren cinco países: India, Nepal, Pakistán, Bangladesh y parte de Afganistán. ¿Sabías que ese poderoso y magnífico soberano se quedó con tan solo media fruta de *myrobalan* en sus manos? Nada le quedó de su abundante fortuna, ni de su poder. Todo se desvaneció. Su heroico ejército, sus cuantiosas riquezas mundanas, todo se le fue de las manos. En esto consiste librarse de las posesiones por la vía de la muerte.

El gran Napoleón, emperador de Francia, tuvo un destino similar. Fue un gobernador muy poderoso. Su poder se expandía hasta medio mundo. Deseaba gobernar el mundo, y casi hizo realidad su sueño. Pero, cuando la muerte se le presentó, todo lo que tenía se derrumbó en un instante.

Según algunos historiadores, en sus días de gloria, cuando pasaba revista a la guardia de honor, los soldados se echaban a temblar a medida que iba desfilando delante de ellos. Los soldados de los ejércitos contrarios, conscientes de que las fuerzas a las que se enfrentaban eran lideradas por Napoleón, acababan entumecidos por el miedo, sus manos y pies se debilitaban, demasiado endebles para levantar las armas y defenderse. Napoleón era tan grande que su gloria se elevaba hacia el cielo y penetraba la tierra. Su reputación se extendía a lo largo del globo.

Pero, cuando fue destronado, acabó exiliado en una isla como un vagabundo. Vivió sus últimos años en aquella isla con unos pocos oficiales. Un día, yacía indefenso en la cama y una rata se acercó a mordisquear los dedos de sus pies, confundiéndolos con un pedacito de carne. El gran Napoleón no tenía fuerzas para deshacerse de la rata. Levantó la cabeza para echarle un vistazo, y concluyó: "Ni las ratas temen a Napoleón".

Evidentemente, un hombre que hacía estremecer hasta casi desmayarse a sus soldados con tan solo pasar por delante de ellos, no pudo evitar que una rata mordisqueara sus pies. ¿Veis ahora la verdad de la vida? Deberemos liberarnos de todo lo que poseemos y de todo lo que controlamos. Finalmente, la muerte se apropiará de cuanto hemos tenido; la apariencia física, la vida, el aliento, la fortuna, la fama, el poder, la familia y los seres queridos, el dinero, las tierras, el ganado, nuestra casa, nuestro coche u otro vehículo, nuestra carrera. Todo lo que has poseído en la vida tienes que devolvérselo a la tierra cuando mueras. Deberás librarte de todo lo que posees.

TODAS LAS COSAS VAN
HACIA LA EXTINCIÓN

A través de analogías

Contemplar la muerte mediante analogías, equiparar las muertes de otros individuos (gente de gran posición social, autoridad, gente que ya nace encumbrada, que tiene gran fortaleza, poderes sobrenaturales, inteligencia y sabiduría) comparándolos con uno mismo, para ver que también aquellos grandes personajes acaban pereciendo sin excepción. Aquí están los principios básicos para elaborar analogías.

Comparación con gente de una elevada posición social

Aquellos que gozan de un status elevado, como todos estos emperadores de los que hemos oído hablar —Napoleón Bonaparte, Alejandro Magno, Genghis Khan, El Gran Asoka, Naresuan el Grande, Bayinnaung, Jayavarman— gozaron de una posición muy singular, grandes honores y un séquito formidable. Pero al final, ¿alguno de estos grandes emperadores ha vivido para siempre? También estos hombres, cuyas posiciones en la vida han sido tan excepcionales, han muerto. Ni uno de ellos se ha librado de la muerte.

Comparación con la gente que ya nace encumbrada

La gente que ha nacido en el seno de una familia dotada con grandes riquezas, como Anathapinthika, el millonario, Visakha, o los reyes y gobernadores que ya vinieron al mundo con una cuchara de plata en la boca; aquellos que nacieron en casas nobles o de la realeza, con tales fortunas que no les sería posible gastarlas en toda una vida de derroche, ¿vivieron para siempre? Ni uno solo. Todos han muerto.

Comparación con la gente que goza de gran fortaleza física

La gente que tiene una gran fortaleza física, cuerpos atléticos, deportistas, culturistas, atletas olímpicos; los gimnastas de los equipos nacionales que exhiben grandes condiciones físicas, salud y robustez, deben morir también. A pesar de su fuerza y su buena salud, no pueden evitar el deterioro físico. El final de la fuerza es la debilidad. El final de la salud es la enfermedad. El final de la vida es la muerte. Estas afirmaciones son muy ciertas. Ni siquiera el más fuerte de entre los fuertes puede escapar a la muerte.

Comparación con la gente que goza de poderes sobrenaturales

Según una leyenda budista, Maha Moggallana poseía poderes sobrenaturales. Su poder para hacer milagros solo era superado por el Buda. Según algunas escrituras, su poder era tal que podía hacer girar la Tierra a voluntad. Una vez, cuando un no creyente desafió al Buda a participar en un concurso de poderes sobrenaturales, Maha Moggallana se ofreció voluntario para ocupar el lugar del Buda. Resolvió hacer girar la Tierra, reducirla y luego sostenerla en la palma de la mano. Imaginad a una persona dotada con tales poderes sobrehumanos. Pero, acabó sus días a manos de unos simples ladrones que le atacaron y golpearon hasta darle muerte.

Maha Moggallana, fue un *arahant* con increíbles poderes. Sin embargo murió a causa de su *kamma* pasado, que hizo que unos maleantes le agredieran y le rompieran todos los huesos. Con su gran poder no pudo superar el poder de la muerte.

Comparación con la gente de un gran intelecto y sabiduría

El hombre más sabio del mundo fue el Buda, seguido por Sariputra, su alumno más aventajado. Son muchos los personajes famosos que gozaron de un gran intelecto. Sócrates, Platón, Aristóteles, Confucio, Lao Tzu, Zhuge Liang. Sin olvidar a Galileo, Sir Isaac Newton, Albert Einstein, Darwin, y todos los grandes científicos del pasado, así como los que vivieron en el siglo veinte, como Mahatma Gandhi, Rabindranath Tagore, y grandes figuras políticas con una visión reconocida mundialmente. Al final, todos murieron. Santos o profanos, los hombres sabios también son derrotados por la muerte.

El Buda, el más virtuoso y bendecido, no pudo con la muerte. A la edad de 80 años sucumbió a ella. Imparcial y sin hacer distinciones, la muerte se abalanza sobre todos nosotros y se nos lleva a su reino, nadie en la Tierra está a salvo de sus garras.

Pensemos ello, y comparémonos con toda esta gente de elevado estatus, poderes sobrenaturales, gran fortaleza física, dilatada sabiduría, incluso los iluminados y el propio Buda, han muerto. ¿Quiénes somos nosotros para escapar de la muerte? Viendo las cosas así, vamos a reducir nuestra arrogancia y nuestro ego. Quien piense que es mejor o superior a los demás, debe aprender con el ejemplo de esos grandes personajes. Contemplar la verdad última nos conducirá a la *atención*. Hará que florezca en nosotros *Uppamadadham*, que significa vivir con vigilancia.

Contemplar la muerte a través de las analogías que hemos citado, aparte de resultar beneficioso para progresar en la atención y el cuidado, lleva implícito el efecto de destruir la opinión sobredimensionada de uno mismo.

Cuando comprendas de verdad que la muerte es indiscriminada y está lista para llevarse a cualquiera, independientemente de su estatus, desarrollarás amor propio y miedo a la muerte. No perderás tu tiempo situándote en lo más alto, pensando que eres superior. Te convertirás en honesto y humilde. Sin aferrarte a tu importancia, tu vida será más feliz y más pacífica. La contemplación de la muerte es por lo tanto un medio eficaz para deshinchar tu arrogancia.

Visualizar el cuerpo como el hogar de una plétora de gusanos

Contemplar la muerte viendo al cuerpo como el hogar patológico que alberga una plétora de parásitos, desvela que este nuestro cuerpo es habitado, no solo por nosotros, sino por infinidad de organismos vivientes. No penséis que están ahí por nada, viven dentro de nosotros para ayudar a cultivar nuestro sustento –digieren nuestra comida, hacen que el cuerpo funcione mejor. Si quitamos estos parásitos de nuestro organismo, este se desequilibra y no trabaja bien.

Todo lo que se manifiesta en este mundo tiene un significado, directo o indirecto. ¿Cuál es el propósito de los gusanos? Algunos dicen que no sirven para nada, pero esto es desde la perspectiva humana. Desde otro punto de vista, ciertos gusanos, en concreto, fertilizan la tierra. Hay cierta hierba que ni el ganado consume, pero que cubre la superficie de la tierra. Los gorriones y pájaros ordinarios parece que pían en vano todo el día, pero cuando te encuentras solo, agradeces su canto. Algunos piensan que los tullidos nacen inútiles; que mejor no hubieran nacido. Sin embargo, si los observas de manera inteligente, te sirven de advertencia para que te impliques en buenas acciones. Si te comportas como una mala persona, algún día puede que te veas a ti mismo en unas circunstancias similares.

¿Por qué, a veces, nos encontramos con situaciones indeseables? Aquellos que no entienden la vida estarán furiosos con ellos mismos pero, en verdad, los que sí lo hacen, sabrán que la vida tiene sus altibajos, sus desilusiones y sus gratificaciones. Todo en el mundo tiene dos caras. A ojos de aquellos que ven el *dhamma*, todo cuenta y nada puede ser pasado por alto. Todo lo que llega a tu vida tiene su valor. El buen sentido puede ser tu maestro.

Algunos practican la respiración y la meditación del conocimiento, deseando deshacerse de los engaños. Sentados o paseándose, meditan, pero, se duelen, sus piernas se han dormido. Creen que todo esto es irritante. ¿Por qué les duele tanto? ¿Por qué están tan entumecidos? ¿Por qué están tan soñolientos? Están furiosos por el dolor, por el adormecimiento. Pero si lo observas atentamente, el adormecimiento puede enseñarte. También puede hacerlo el dolor. Una larga meditación sentado puede causarte incomodidad y dolor –la llamada *vedana* (sensación). Cuando *vedana* es aplastante, tú estás furioso. Pero, poco a poco te das cuenta de que es tu gran maestro. Cualquier maestro de meditación que tenga conocimiento o sabiduría, te dirá que estás en el buen camino si te sientas a meditar y aparece *vedana*. Lo que aparenta ser doloroso, puede ser útil en si mismo, si eliges mirarlo de la manera apropiada.

Según Confucio, si hay dos personas caminando frente a ti, cualquiera de las dos puede enseñarte por igual. Si una es una buena persona, le voy a emular. Si la otra es mala, me diré a mi mismo que no debo imitarla. Si eres cauteloso y tienes un buen criterio, verás que todo en el mundo tiene sentido y valor. Todo es importante. Solo si sabes cómo mirar en profundidad, serás capaz de extender el brazo para buscar esa ventaja mediante tu propia sabiduría.

Del mismo modo, nuestro cuerpo está lleno de muchas especies de parásitos y gusanos. Una de mis alumnas, que era estudiante de enfermería, me contó el caso de uno de sus pacientes. Tenía un tubo insertado en el estómago para alimentarle, cuando fueron a retirarlo, vieron que estaba embutido de repulsivos gusanos. Ella vomitó allí mismo. Al preguntarle lo que había comido, el paciente respondió que cerdo fermentado. Esta historia que mi alumna me contó, hizo que yo no volviera a comer cerdo fermentado en mi vida. No más cerdo crudo fermentado. Parece ser que los gusanos incluso afloraban por su boca. Eran tantos que no tenían otra salida. Mi pupila explicó que no había visto nunca tantos gusanos juntos. Perdió el apetito durante una semana.

Evidentemente, lo que puede causar la muerte, así como los accidentes y la comida envenenada, pueden ser estos "chiquititos" que juegan al escondite en tus intestinos. Ellos también pueden matarte. Estos parásitos pueden incluso penetrar en tu cerebro y causarte la muerte. Tal contemplación de la muerte te protegerá de la negligencia. Aunque no tengas ningún signo de enfermedad, no puedes negar que hay parásitos en tu interior. Esto debe prevenirte del descuido, de la falta de atención.

EL MOVIMIENTO, LA TEMPERATURA Y LA RESPIRACIÓN, SON AMENAZAS PELIGROSAS PARA LA VIDA

Deterioro a través de la edad

La reflexión, aquí, va dirigida al deterioro a través de la edad. Es decir, envejecer significa debilitarse y es prueba de la transitoriedad. La edad está sujeta a lo que sigue:

Sujeta a respirar. Si espiras y no inspiras, entras en la muerte. Espirar y no inspirar, lleva a la muerte. Ahogarse lleva a la muerte. La comida atascada en tu garganta lleva a la muerte. Un desorden en el sistema respiratorio, como el fallo de un pulmón o una hiperventilación asmática, que no se trata a tiempo, puede llevar a la muerte. La respiración es un signo de vida, tal como te da la vida, también puede darte la muerte.

Sujeta al movimiento. Estar quieto en una posición durante mucho tiempo puede causar la muerte. Por ejemplo, sentarse al sol durante siete días sin moverse, puede llevar a la muerte. El simple hecho de estar tirado en la cama sin mover tu espalda, puede llevarte a la muerte. Echa una ojeada a los pacientes en un hospital. Los médicos y las enfermeras tienen que turnarse a menudo. Mantenerse de pie en una sola pierna durante todo el día, sentarse absolutamente quieto sin respirar en diez minutos, conducirá a la muerte. Sin nadie que te ataque, puedes morir solo si permaneces quieto demasiado tiempo.

Sujeta a la temperatura. Tu temperatura corporal, sea por exceso de frío o de calor, puede causarte la muerte. Puedes morir por un golpe de calor, o por haber ingerido algo intoxicado. También puedes morir por tener el corazón frío.

Puedes morir por congelación. Una vez estuve en Australia, donde me llevaron a ver pingüinos. De día, estos pájaros salen para alimentarse en el mar. A veces se marchan durante tres, cuatro o siete días. En la noche, cuando regresan cabalgando sobre las olas, ofrecen una imagen adorable con sus orondas tripas. Para algunos, no es suficiente llenar de pescado su estómago, también traen pescado en la boca, para sus crías. Una vez en la orilla, miles de pingüinos se alinean uno detrás de otro y marchan en fila india, como los patos, con las cabezas muy erguidas resultando de nuevo adorables. Caminan observando un estricto orden. Cientos de visitantes esperan para ver desfilar a los pingüinos.

La orilla que nosotros visitamos estaba bajo cero. Tendríamos que haber traído mantas. No hice mucho caso de lo que me advirtieron, pensé que mi hábito sería suficiente para mantenerme caliente. Por la tarde, el tiempo no era muy frío pero cuando cayó la noche, sobre las siete, el frío empezó a ser insoportable. Incluso los muchos pájaros que había en el agua, abandonaron la playa a causa de las bajas temperaturas. Aquellos que habían traído mantas encontraron consuelo bajo ellas. Yo me había estado pavoneando sobre el tema, y luego recibí lo que me merecía. Era difícil concentrarse en los pingüinos. El frío penetró hasta el fondo de mi corazón. No podía estarme quieto, mis piernas temblaban y tiritaba todo mi cuerpo.

Los que trajeron mantas se taparon con ellas y contemplaron a los pingüinos felizmente. Yo me mantuve en silencio, discreto, avergonzado de mí alardeo. Tenía que aceptar mi destino. En aquella visita a los pingüinos, varios de los monjes no trajeron sus mantas para no ser vistos infringiendo el voto convencional que atañe a sus hábitos de ordenación. Ese grupo de monjes acabarón tiritando como pájaros recién caídos al mar. Si hubiésemos permanecido allí una hora más, habríamos muerto congelados. Verás que la vida está sujeta a la temperatura. Una temperatura excesiva, demasiado caliente o demasiado fría, puede matarte. En la India, cada año muere gente por ambos excesos cuando, son muy ancianos. Ha sido así durante años, y así seguirá siendo en los años sucesivos.

Sujeta a los cuatro elementos, llamados tierra, agua, aire y fuego. La tierra enfrentada al agua, el agua enfrentada al fuego, el fuego enfrentado al aire, el cuerpo se hace añicos y puede sucumbir. En el cuerpo, demasiado fuego, responsable de que transpiraremos en exceso, es insostenible. Un edema pulmonar puede arrebatarte la vida. La epilepsia, o convulsiones, también, si los síntomas ocurren y no se tratan debidamente. Cuando la tierra, el agua, el aire o el fuego están en guerra, pueden causarnos la muerte mientras caminamos, estamos sentados o tumbados.

Supón que te duele una muela y no quieres ir al dentista. Ves que es insoportable y te arrancas la muela tú mismo. Si no lo haces debidamente, puedes destruir los nervios, y eso afectaría a tu cerebro. Los efectos neurológicos en tu cerebro pueden causar parálisis. Esto puede ser muy peligroso. Quien nunca ha experimentado dolor de muelas, verá, cuando sienta ese terrible padecimiento, que medio cuerpo se le atolondra debido al tormento. El Venerable Cha, solía sufrir dolores de muela. Le pidió a su dentista que le arrancara todos los dientes. No mucho más tarde, su cuerpo se paralizó totalmente porque el sistema nervioso de los dientes está íntimamente conectado con el del cerebro. Cuando uno no funciona bien, todos los sistemas del cuerpo quedan expuestos a desarreglos y fallos.

Los dientes son considerados tierra. Todas las partes sólidas del cuerpo son tierra, mientras que los líquidos son agua. El calor, junto al efecto ácido del estómago, es fuego. Inhalar y exhalar, es aire; el aire sube y baja, fluctuando por el interior del cuerpo. No podemos subsistir sin aire. Tápate la nariz durante más de tres minutos y acabarás muerto. El aire es el más necesario de los cuatro elementos.

Sujeta a la comida ingerida. Si abusas de una dieta nonutritiva, las toxinas se acumularán en tu cuerpo. Comer demasiada fibra tóxica, va a contaminar la comida que hay en tu estómago, intestinos y sangre. Si comes carne cruda, como el cerdo fermentado, o sashimi de manera regular, contribuyes a cultivar una granja de parásitos en tu estómago. Digo una granja porque aparecen en manadas.

La comida rápida cara, o *junk food,* de marcas importadas, está hecha, principalmente, a base de flúor y productos vacunos. Si los consumes demasiado a menudo, puedes llegar a engordar mucho. En los Estados Unidos, hay muchos pleitos archivados sobre los efectos nocivos de la comida rápida. ¿Cómo no va a engordar? Cuando comes solamente fécula, productos lácteos y grasas, acompañándolos de bebidas carbonatadas, al rato te descargas y vuelves a tener hambre, así que comes la misma comida repetidamente.

El pollo ya no crece naturalmente como un pollo, sino a base de harina. Crían a los pollos en granjas, cuyas luces permanecen encendidas con un temporizador. A los pollos les hacen creer que es siempre de día, para que así no paren de comer. El período de crecimiento normal de seis meses se acorta dos o tres meses, transcurridos los cuales ya podrán vender esos pollos. No se crían de manera natural sino a base de química. Los productos químicos están hechos de mejunjes bioquímicos. De ahí que comer demasiado pollo bioquímico equivale a una muerte lenta. Las contaminaciones tóxicas acumuladas en tu cuerpo causan una muerte lenta. Cuanto más grande sea la acumulación, esa muerte lenta se apresurará.

Su Majestad el Rey, come arroz integral. Ha regresado a una dieta tradicional y nutritiva. Mientras tanto, las generaciones más jóvenes comen fuera, inconscientes de la contaminación tóxica de este tipo de comida. Sin un debido aviso, los futuros niños de Tailandia recibirán una dieta nada nutritiva y nada higiénica. ¿Cómo serán capaces de mantenerse sanos con dicha nutrición? ¿Cómo serán capaces de tener una buena capacidad intelectual y una buena salud, dentro de esta muerte lenta que pagan? Esto es una crisis a menudo pasada por alto.

Si no deseas hacer la vista gorda con esto, debes seguir recordando que la comida basura occidental, tan popular, que nos gusta consumir para prolongar la vida, no solamente no la alarga sino que, efectivamente, la acorta.

SIN ANUNCIAR, SIN CITA PREVIA, SIN ADVERTENCIA

Viendo que la muerte no avisa

Que la muerte viene sin anunciarse significa que debes ser consciente de que viene cuando le apetece y sin previo aviso. Sin un signo que la preceda, sin avisarte de que te quedan unos cuantos años más de vida. Un bebé recién nacido puede que muera nada más nacer. Puedes morir cuando eres pequeño. Puedes morir joven. Puedes morir a mediana edad, o puedes morir viejo, a los ochenta o noventa años, incluso a los cien. Vas a morir de todas maneras. Tengas la edad que tengas, cuando mueras, nunca lo sabrás con antelación.

Alguno dicen que van a vivir hasta los cien años. Un grupo de personas formó una asociación de *cientoveinteañeros* y se comprometieron a no correr ningún riesgo por miedo a morir prematuramente, es decir, antes del tiempo que ellos mismos se habían asignado. Se convirtieron en gente que no eran buenos para nada; medio asustados, viviendo a medias, temerosos de no poder cumplir su promesa y provocarse padecimientos innecesarios; sufriendo solo por el propio temor a morir prematuramente.

Una vez, el General Mayor Luang Vichitvatakarn, declaró por escrito que viviría hasta los cien años. Activó su mente y no paró de escribir, para así poder vivir más. Él sabía que si un hombre tiene un objetivo en mente, es decir, si persigue un gran objetivo, aferrándose a su propósito hasta que no llegue a su meta, no dejará esta vida. Puede que un pensamiento así ate al hombre a su trabajo y le haga mentalmente más fuerte, y se prolongue así su vida. Sin embargo, Luang Vichitvatakarn no alcanzó su objetivo, murió a la edad de sesenta y tres, lejos de sus proclamados cien años.

La vida no muestra señales o signos que nos indiquen cuando va a finalizar. No pienses que puedes determinar cuántos años vas a vivir. Una madre siempre le decía a su hijo que estudiase. "No voy a morir todavía –le contestaba– no te preocupes". Un día, en el momento de descolgar el teléfono, tuvo un infarto y murió. Esto nos enseña que nadie puede decir cuánto va a vivir. No hay un signo, ni un augurio, ni una advertencia. ¿Quién puede garantizarnos que las personas con la que hemos estado hablando hoy mismo no vayan a morir, de repente?

Este poema reflexiona, sucintamente, en la naturaleza de la muerte como sigue:

> Fue visto de madrugada, murió a media mañana.
> A media mañana estaba bien, murió por la tarde.
> Por la tarde estaba perfectamente, murió al atardecer.
> Al atardecer aún jugaba con sus hijos, murió al caer la noche.
>
> (Rey Chulalongkorn, Rama V)

Uno nunca sabe de qué va a morir. No puedes elegir la enfermedad por la cual vas a morir. Algunas personas pueden verse fabulosas por fuera, pero quizá tengan cáncer por dentro. También los que no quieren tenerlo, lo tienen. Los que no quieren estar enfermos, lo están. Alguna gente puede que viva en el campo, sin una alimentación adecuada, y estén bien. Y que aquellos que viven cómodamente, con lujos y riquezas, pueden estar físicamente muy deteriorados. La enfermedad no discrimina. Hayas nacido en la nobleza, o en la jungla, o en un arcén, eres igual de propenso a todo tipo de enfermedades.

Nosotros vivimos en la ciudad. Nos levantamos temprano cada mañana y vamos a buscar el periódico. En uno de ellos hay una noticia de un padre que viola a su propia hija. Nuestro corazón sufre una tremenda consternación. Encendemos el televisor y hay noticias de gente que se insulta y se pelea. No es placentero verlas, ya que te deprimen. Viviendo en una sociedad urbanita, hay muchas causas por las cuales uno puede deprimirse. Ingerimos el veneno que se filtra en nosotros a través de la prensa. No es falso decir que trozos de noticias intoxicadas vienen en la prensa y la televisión, y los periódicos no son una excepción.

Al final de su vida, el Venerable Budhadasa, no leía ni un solo periódico, ni miraba la televisión. Dejó de consumir temas tóxicos. El viejo y el enfermo deben adoptar esta misma medida. Algunas formas de polución no vienen de lo que comes o respiras, sino, también, de lo que aprendes y lo que ves. Puede que veas a tus vecinos peleándose, y permitas que esto te altere excesivamente. Este es un veneno que dejas dentro de ti. Lo aprehendes, debido a tu falta de buen sentido, y sufres a partir de ahí hasta que caes enfermo sin saberlo. Por lo tanto, debes comprender que cualquier asunto externo puede convertirse en tóxico y causar que te enfermes. La preocupación, el estrés, la paranoia o la soledad, desprovistos de la habilidad de manejarnos socialmente, son síntomas de polución mental.

Este tipo de enfermedad mental puede matarte sin avisar. Estadísticamente, la depresión es una dolencia cada vez más en aumento entre la población tailandesa. La enfermedad mental es, a menudo, peor que los achaques físicos. Alguien que sufre mentalmente es difícil de curar. Aunque no sea fatal, vive estando medio muerto.

Uno nunca sabe cuándo va a morir. Por la mañana, a mediodía, al atardecer o en cualquier momento. Es algo que no podemos elegir. Cuando la muerte viene a ti, tu cuerpo y tu mente cesan en aquel instante.

Uno nunca sabe dónde va a morir. El lugar en el cual vamos a quedar postrados para descansar eternamente, no puede ser predeterminado o anunciado. Algunos personajes puede que digan: "Cuando llegue mi hora, me iré con una gran ceremonia". Pero, puede que mueran en un país extranjero, en la miseria, contrariamente a la intención que tenían.

Algunos monjes veteranos que viajaron lejos, en un largo peregrinaje, encontraron la muerte en países extranjeros como Birmania, India o Nepal. Para citar un ejemplo, el Venerable Phra Prommoli, el último abad de Wat Yan Nawa, fue en peregrinación a Birmania con sus discípulos. Al llegar, el grupo tenía la intención de mostrar primero sus respetos a la imagen principal de Buda, pero Phra Prommoli se sentía fatigado, así que se retiró a descansar diciendo que iría por la mañana. Mientras descansaba tuvo algunos problemas respiratorios, pero sus pupilos pensaron que eran un síntoma normal debido a su avanzada edad. Le dejaron solo y se fueron a rendirle respetos al Buda, al regresar le encontraron muerto. El líder del grupo de peregrinación anotó los detalles de esos últimos momentos en un libro. Al leerlo, me sentí consternado y triste. El autor parecía decir, implícitamente, que había llevado al monje superior a la muerte. Aunque era parco en palabras, leyendo entre líneas me lleve esta impresión. El grupo tuvo que cancelar todo el viaje y hacer los preparativos para regresar con el cuerpo del difunto a casa. Transportar el cadáver hasta Tailandia no era una tarea fácil. Les costó casi una semana tramitar documentos y arreglarlo todo.

En Tailandia, fue laureado como un sabio, un gran monje que había comentado los más importantes textos. También fue un distinguido miembro del Consejo Supremo de la Sangha, y un pilar en asuntos budistas. Pero, al morir en un país extranjero, fue difícil incluso encontrarle un ataúd para transportarlo en avión. Tuvieron que sortearse muchos obstáculos. Así reza el dicho del Buda: "Uno nunca sabe dónde va a morir". Independientemente de lo célebre que seas, la muerte va a venir cuando le apetezca. Excepto el Buda, ¿quién en el mundo puede elegir el lugar de su propia muerte?

En una ocasión, Buda habló para una asamblea de monjes, apuntando con su dedo índice al suelo: "Sabed que en esta tierra, no hay ningún lugar donde los hombres no hayan yacido y muerto una y otra vez. En todas partes del mundo, las personas que han muerto son incontables. Si se amontonasen todos los huesos humanos, de todos los ciclos de la vida en esta tierra, ese montón sería incluso más voluminoso que todas las montañas del mundo juntas".

Uno nunca sabe a qué reino ira después. Sea el reino de los espíritus, monstruos, criaturas infernales, animales, humanos o dioses, nadie puede presagiar a dónde iremos tras la muerte. Puede parecer que uno esté bien en la vida, pero puede renacer en un infierno o como un animal. Nunca se sabe. Una historia cuenta cómo un monje recibió una tela de su hermana. La dobló con cuidado y la guardó. Todavía no había encontrado el momento de ponérsela, para agradecer las buenas intenciones de su hermana, cuando murió de un ataque al corazón. Haber muerto vistiendo los hábitos del monje, le habría enviado a un reino mejor. Sin embargo, por su *kamma* pasado, este monje renació en un reino inferior. Se convirtió en un pequeño piojo alojado en el hábito que su hermana le había regalado. El piojo que había sido monje, vivió en la tela durante siete días antes de renacer en un reino superior.

La reina *Mullika*, la esposa del rey *Pasentikosol*, en Sawatthi, creó grandes méritos en la historia del presente Buda. Acumuló grandes dosis de virtud ofreciendo *asadisadana* (dádivas insuperables) junto a su esposo. Pero cuando murió, la buena y piadosa reina fue al infierno durante siete días. ¿Por qué van al infierno los más virtuosos? Porque no sabemos qué malas intenciones habrán albergado, y que no hemos visto de ellos, en esta o en otras vidas. Después de la muerte, ¿dónde se va uno? Nadie lo sabe. Solo depende del *kamma* de cada cual. Consciente de tu responsabilidad, nunca deberías ser negligente ni demasiado indulgente contigo mismo. En lugar de eso, debes contemplar la muerte día y noche para llegar a comprender la verdadera naturaleza de las cosas.

Debido al límite en el tiempo

Contemplar la muerte viendo el límite del tiempo significa que debes comprender que la vida humana es muy breve. La edad más avanzada a la que puedes llegar es a los cien años, no más de ciento veinte (Llegar a los cien o ciento veinte años es la edad límite en los días de esta nuestra era budista.)

Según el Buda, en algunas eras, los hombres puede que vivieran más allá de los diez mil años pero, en Su época, en Su era, la vida humana dura unos cien años, aunque pocos llegan tan lejos. Incluso el mismo Buda solo llegó a los ochenta años, antes de su ocaso. Dos de sus discípulos más meritorios, *Sariputra y Maha Magallana,* vivieron menos que El. Ambos murieron antes que Buda.

Con una vida tan corta, tienes muy poco tiempo para hacer las cosas que debes hacer. Así pues, date prisa y haz lo que debas de buena fe, sin negligencia. Como nos recuerda el Buda:

> La vida humana es muy corta.
> Los hombres rectos deben mirarla con desprecio.
> Aprender a hacer el bien a toda prisa.
> Como aquel cuya cabeza está ardiendo.

CADA INSTANTE
ES UN ESPACIO DE VIDA

Por la brevedad del ciclo de la existencia

Por último, debes considerar que la vida es solo momentánea. El tiempo de tu existencia es muy breve. Tan solo es un relámpago fugaz. Según la más alta doctrina del canon budista, o verdad última, cuando una mente llega a *ser*, empieza una vida. Y cuando cesa, la vida se esfuma instantáneamente. Estos son el nacimiento y la muerte en el flash de un momento. Hemos nacido con una mente que llega a la existencia, y morimos con su cese. Cada día pasamos muchas veces a través de este ciclo de nacimiento y muerte. El período de existencia dura "un momento fugaz". Esa fugaz condición de la existencia es resumida en las escritura del *Visuddhimagga,* de la siguiente manera:

> La vida, la identidad, la felicidad y el sufrimiento
> dependen de una sola mente.
> El tiempo pasa muy rápido.
> Las vidas de las criaturas en este mundo, muertas o vivas,
> son iguales cuando se extinguen.
> Cesan de ser.
> Las criaturas (humanas) no existen por causa de una
> mente futura, sino que existen debido a la mente del
> presente.
> Las criaturas cesan porque la mente se extingue.

Considerando esta enseñanza, puedes ejercitarte a ti mismo en el convencimiento de que sufres el nacimiento y la muerte a cada momento. La muerte no está, de ningún modo, alejada de tu vida. Se mueve contigo cada segundo. Puesto que el espacio de vida es tan breve, ¿no deberías estar atento? ¿Por qué no efectúas todos los actos de tu vida con cuidado y atención? "Efectuar los actos de la vida con cuidado y atención", en el sentido mundano, significa vivir la propia vida, haciendo siempre lo que es mejor para ti, para los demás y para la humanidad entera. Porque cuando la muerte pone fin a tu vida, ya no tienes más oportunidades de hacer algo bueno y de provecho.

En un sentido último, efectuar todas las acciones en la vida "con cuidado y atención", significa llevarlas a cabo según el estudio y la meditación de la sabiduría, para llegar a alcanzar el *nibbana*, objetivo supremo del budismo y la forma de vida ideal, anhelada por toda la humanidad, sea cual sea su religión. El Buda dice al principio del *Sutra Dutiya Maranassati*, "…Cuanto más contemplas la muerte, mayores beneficios extraes de ella. Sus raíces van dirigidas a la inmortalidad y, finalmente, esa inmortalidad es alcanzada".

En otras palabras, los objetivos de la práctica de la contemplación de la muerte están descritos de la siguiente manera:

1. Vives una vida lo más virtuosa posible.
2. Usas tu tiempo sabiamente, y no en vano.
3. Previenes las faltas cometidas por las tres puertas.
4. Estableces una base para meditar en la sabiduría.
5. Alcanzarás el *nibbana* como último objetivo en la vida.

Estos son los principales beneficios de practicar la contemplación de la muerte en el budismo. En las escrituras del *Visuddhimagga*, hallamos una síntesis de los beneficios de contemplar la muerte, llegando a alcanzar otras metas en esta misma vida. Son estas:

1. Te vuelves atento.
2. No te tomas la existencia como un mero placer.
3. Dejas de aferrarte a la vida.
4. Corriges las faltas.

5. No eres codicioso con las posesiones materiales.
6. Te liberas de la avaricia, que es un engaño mental.
7. Habitúas la mente a reconocer la impermanencia.
8. Te liberas del miedo y el engaño ante la muerte (para tener una muerte pacífica).
9. Si no alcanzas el *nibbana* en esta vida, alcanzarás una esfera superior en tu próxima existencia.

HASTA QUE LA MUERTE NOS SEPARE

En el discurso de *dhamma* de hoy tocaré un tema más contemporáneo que en la mayoría de mis conferencias, puesto que quiero hablaros del reciente y devastador tsunami. En primer lugar, me gustaría aclarar el por qué del título de este capitulo, que se corresponde a una frase utilizada al tomar los votos matrimoniales. Con ella quiero transmitir la idea de que, cuando, repentinamente, le llega la hora a alguien que conoces, alguien cercano y muy querido para ti, ¿cómo se supone que vas a reaccionar ante sucesos que ocurren de un modo tan inesperado e injusto? Que haces en estas horas críticas. La muerte puede ser de dos tipos: muerte normal y la muerte inesperada. A la muerte normal se la conoce como *kalamarana,* o una muerte en su debido tiempo, predecible. Mientras que *akalamarana* es la muerte inesperada, por ejemplo, la muerte de un joven. Al día siguiente de su ceremonia de graduación, un recién-graduado se mató en un accidente mientras lo celebraba con amigos. Un hombre, acaba de tomar la ordenación en el monasterio y en pocos días murió en un accidente de tráfico. Un joven con un futuro prometedor se fue de vacaciones al sur de Tailandia, y fue engullido por un tsunami. Una pareja de recién casados estaba pasando su luna de miel en Phuket y se ahogaron en el mar. Hombres de negocios que empezaban nuevos y prometedores proyectos. Un empresario que había invertido cientos de millones en un complejo turístico que nunca empezaría a operar, pues la apertura estaba programada para la semana siguiente al tsunami. El dueño y el establecimiento fueron engullidos por el mar. Cuando se producen estas muertes sin previo aviso, ¿qué consejo da el budismo para ayudar a superar estas pérdidas inesperadas? Esta será la esencia del discurso de hoy.

LA NATURALEZA INHERENTE DE LA MUERTE

Todos llevamos la muerte pegada a los talones, pero, ¿cuándo vendrá la muerte a por nosotros? Cuando llegue, no podremos subyugarla. La muerte no permite negociaciones, ni regateos. La muerte es el negocio que gestiona el Señor Oscuro, aplicando la más rígida de las normas: Nadie quedará fuera.

Cuando era joven solía preguntarme qué haría si mi madre muriese. ¿Cómo lo superaría? ¿Acaso sería capaz de superarlo? Esas preguntas se atascaron en mi mente durante largo tiempo.

El primer año que fui ordenado monje, mi hermano murió. Solo tenía veinticinco años. Unos pocos meses antes de que muriera, le pedí que ingresara conmigo en el monasterio. Aceptó, incluso me pidió prestado mi libro de plegarias, para poder aprender los rituales y recitaciones. Tenía ya varias plegarias memorizadas cuando, un día, me devolvió el libro pues había cambiado de parecer, ya no se convertiría en monje. Aquel mismo año se construyó una nueva casa. Menos de un mes después de inaugurarla con una fiesta, asistió a la ceremonia de la boda de un amigo. Regresaba a su casa en motocicleta con otros dos camaradas, cuando tuvo un grave accidente; un choque fatal contra la columna de un puente, causada por el estado de embriaguez del conductor. Mi hermano y sus dos amigos salieron despedidos hacia un barranco adyacente, cayendo hacia el vacío. Dos murieron al instante. Solo uno sobrevivió, pero en estado crítico y con graves conmociones.

Este es un ejemplo de alguien que pierde a un ser querido de manera inesperada. Yo no estaba preparado para su muerte, ya que era joven y fuerte. El día en que murió, un familiar me llamó para decírmelo. Estaba en clase, en Wat Phra Singh, en el distrito Mueang, de Chiang Rai. El abad cogió el recado y me dio la noticia discretamente: "Debes estar preparado. La noticia no es buena".

Cuando me comunicó la repentina muerte de mi hermano, no me sentí demasiado impresionado. A pesar de haber recibido la noticia más triste de mi vida, mantuve el control, y seguí trabajando el resto del día mecanografiando un trabajo que tenía empezado. Luego recogí mis cosas y viajé de regreso a casa para el funeral.

Cuando bajé del autobús, me invadió un extraño silencio durante el camino de entrada al pueblo. Un monje y su enorme maleta avanzando despacio por el margen de la carretera. ¡Qué imagen más triste! En aquel preciso instante sentí como si la atmósfera del pueblo entero, junto con los arbustos de la carretera y la hierba del camino, estuvieran de luto conmigo. Cuando me encaminaba hacia la casa, mis padres y mis cuatro hermanas salieron a abrazarme, llorando y gritando al unísono.

Me di cuenta que yo era su último recurso. Si me echaba a llorar, les haría las cosas todavía más difíciles. Así que me contuve, no porque no estuviese apenado. Sofoqué los sollozos en mi garganta. Me sentía destrozado. Durante todos los días que duró el funeral hasta la cremación, no miré ni una sola vez el rostro de mi hermano, consciente de que le había avisado. Antes de ir a la boda, mi hermano me llamó, y yo le dije que tuviese cuidado al regresar, y que no bebiese demasiado. Parecía que se hubiera tomado aquél aviso como una provocación, e hizo todo lo contrario. Regresó de la boda ebrio y condujo su motocicleta estrellándola contra la columna del puente. No tendría que haber sucedido de esa manera, pero así fue.

A partir de entonces sufrimos, además, la pérdida del que gana el pan en la familia. Aún estando tan triste, fui capaz de refrenarme. Recuerdo tener otro sentimiento más allá de la pena. Estaba muy enfadado con la muerte. Pensé que si me encontrara con ella, me acercaría y le daría un puñetazo. Pensaba eso porque no me avisó de antemano. Mi hermano hizo algún mérito al estrenar su casa tan solo un mes antes. Todavía no se había mudado, ¿qué le pasó? Planeaba su boda para el año siguiente y todo le iba de maravilla cuando la muerte le abordó. Como joven monje que era, tuve un arrebato, y pensé que cuando viese a la muerte cara a cara le atizaría un buen puñetazo. Estaba furioso con ella. ¿Por qué tuvo que venir tan pronto? Para mi era totalmente inaceptable.

Esta es mi propia experiencia en relación a la muerte de un ser querido. He pasado por ello. Transcurrió bastante tiempo hasta que llegué a comprenderlo todo claramente. Así pues, según Buda, uno siempre debe estar preparado para tratar con la muerte porque no sabemos cuándo se va a presentar, a los seres queridos o a uno mismo. No hay manera de saberlo con antelación.

Después de eso, cuando tenía unos veinte años —quizás veintidós o veintitrés, mi madre fue hospitalizada de urgencia debido a una dolencia pulmonar. No me separé de su lecho durante medio mes. Los médicos me adjudicaron la cama que había junto a la de mi madre para poder hacerle compañía y cuidarla. Cada mañana después del desayuno, iba al hospital y me sentaba junto a ella, intentando enseñarle a rezar. Pero ella llevaba una máscara de oxígeno que le tapaba la nariz y la boca. Lo mejor que pudo hacer fue mirar llorosa a su hijo monje. Lo que quería, lo escribía en un papel. Cuando deseaba que se hiciera una cosa, escribía dando las instrucciones. Me parecía que solamente fallaban sus pulmones, su mente siguió muy aguda hasta el último instante de su vida.

Volviendo a cuando yo era pequeño, la recuerdo hablando en voz alta, para ella misma, diciéndose que iba a morir. Tenía asma y eso la afectaba cada año, especialmente en la estación fría. Pero ocho años después fui ordenado novicio, y tras haberme convertido en monje, los síntomas desaparecieron. Extrañamente, se curo por completo. Se puso más fuerte que nunca. No volvió a enfermar hasta llegar a los sesenta y cuatro años. Solíamos bromear en la familia, sospechando que esa enfermedad crónica se había portado muy bien con ella, la había dejado disfrutar de la vida durante un tiempo, y poder ver a su hijo vistiendo hábitos de monje. Habían hecho un tratado de paz por un número de años.

Mientras estaba cuidando de mi madre en el hospital, hasta cierto punto estaba completamente preparado para lo que pudiera acontecerle. Constantemente le daba enseñanzas de *dhamma*. Seguí haciéndolo. Una vez, mientras estaba enseñándole cómo ser consciente de cada aliento, me puse furioso con ella. Aunque le había estado enseñando a rezar, me dijo que no sabía qué hacer. Su mente no paraba quieta. Tenía suficiente fuerza para respirar, pero se olvidaba de ser plenamente consciente de su aliento, lo cual era bastante difícil, por cierto. No importaba lo enfadado o furioso que me mostrara, por más que le insistía, no era capaz de hacerlo.

De vuelta al templo, me sentí muy disgustado conmigo mismo. Me culpaba por haberla pagado con mi madre. Al día siguiente volví y le enseñé otro método de meditación. La animé a que lo hiciese. Hice lo que pude hasta que, finalmente, tuve que rendirme. Mi madre estaba respirando ayudada por una máquina, y el doctor me dijo que me preparase para lo peor. Sus pulmones fallaban. El doctor me preguntó si deseaba quitarle la respiración mecánica. Si me decidía hacerlo, la obligaría a dejar de respirar, pero si no se la retiraba, también la estaba obligando a algo. Si en algún momento de tu vida te plantean dicho dilema, ¿te atreverías a decidir, teniendo en cuenta que tu madre es la persona que más quieres?

Solo hubo una mujer en mi vida a la que amé profundamente. Ninguna otra mujer alcanzó el estatus de mi madre. Seguir aferrado a ella o dejarla ir, era una decisión muy difícil de tomar aquel atardecer cuando regresé al templo. Al día siguiente tenía que tomar una determinación. Aquella mañana, cuando fui a verla, me comunicaron que había perdido la consciencia y el doctor había decidido desconectarla del sistema respiratorio mecánico. Casi me atreví a conjeturar que ella odiaría poner a alguien en la incómoda posición de decidir sobre su destino, pero, hablando racionalmente, el proceso era simplemente el natural. Cuando el cuerpo falla, cesas de ser. Era algo natural, nada milagroso.

Sin respiración asistida, el doctor la dejó volver a casa. La recosté en la parte trasera del taxi, cuatro o cinco familiares la acompañábamos. Yo estaba sentado delante. A media hora del hospital, se le paró el corazón. El conductor, mi hermana y mi cuñado se abalanzaron sobre ella, pero yo me quedé en mi asiento. No bajé del coche para verla porque tenía la sensación de que ella ya había muerto en la cama. Su corazón seguía latiendo gracias a la medicación. De camino a casa solo pensé en como arreglar su funeral lo mejor posible y del modo más rápido.

Pero ante la pérdida, por segunda vez, de una persona querida y cercana no me sentí tan destrozado ni me encolericé. Esta vez no quería pegarle a la muerte en toda la cara. Entendí que así es la vida —la separación de tus seres queridos a causa de la muerte. Debes aprender sobre la muerte antes de que la muerte de un paso hacia ti, algo que pasará a ciencia cierta. Viene de manera natural, por enfermedad, por la edad, o por un fallo físico al final. Viene de manera no natural por un accidente, por hambruna, por sequía o por otras terribles razones, como una guerra civil o depresión económica que causa inanición.

Según el Buda, las personas son como la fruta de un árbol. Las opciones de que cada fruto permanezca unido al tallo hasta madurar y caer a su debido tiempo, son pocas. Los frutos están sujetos a diversos riesgos —ser comidos por insectos, hormigas o gusanos; ser recogidos por la mano del hombre o tirados al suelo por una tormenta. Muy pocos permanecen en el árbol hasta madurar por completo, oliendo bien y cayendo al final por su propia naturaleza. Así es también la vida humana. No obstante, debes seguir aprendiendo sobre la muerte, contemplar constantemente la muerte para fortalecer tu inmunidad mental, y así oponer resistencia al sufrimiento que ocasiona la pérdida de un ser querido. Desarrollarás tu fuerza mental y tu sabiduría, y serás capaz de tratar con tu propia muerte al final de tu vida.

Aquellos que piensan en la muerte con frecuencia son, mayoritariamente, personas que han pasado por la muerte de alguien cercano. Me atrevo a decir que es mi caso: la muerte de una persona muy cercana, mi hermano, y la de quien yo más quería en este mundo, mi madre. No habrá ninguna separación que me pueda conmocionar tan profundamente como lo hizo la de mi madre. Pero cuando se fue, me las arreglé bastante bien con la demoledora experiencia.

Me pregunté porque no había llorado su muerte como lloré la de mi hermano. Pienso que me sentía diferente como resultado de mi práctica del *dhamma*. Yo soy monje y, aparte de estudiar textos relativos a la conciencia de la muerte, a menudo enseño acerca de la muerte. Enseñar a los demás es como enseñarse a uno mismo. La consecuencia de mis estudios, directos e indirectos, ha sido una profunda comprensión de que la muerte es un aspecto común de la vida. Cada uno tiene que aprender su lección sobre la muerte tarde o temprano. Es algo inevitable e innegable. Mientras he seguido aprendiendo, mi mente ha desarrollado inmunidad y un entendimiento de la verdad de la vida. Esa comprensión me ha ayudado tanto que ahora puedo ver la muerte de un ser querido, o incluso la mía, como un mero hecho de la vida. Puedes ver morir a alguien que quieres, u otra gente indiscriminadamente, sin sufrir una pena profunda. Lo comprendes. Si interactúas con las muertes de la gente que amas hasta este punto, tu estudio y práctica no habrán sido en vano.

Recuerdo dar una enseñanza de *dhamma* en un funeral. Una madre estaba destrozada porque su hijo había muerto muy joven. Estaba llorando y gimiendo. Yo estaba avanzando hacia el púlpito, pero ella rehúso moverse. Le dije que si no se apartaba del camino no podría dar mi enseñanza. Ella me dijo: "Mi hijo no debería haber muerto. Se ha muerto demasiado pronto". Yo le contesté: "Y, ¿qué edad piensas tú que hubiese sido la apropiada para su muerte?" Ella se quedó boquiabierta y no pudo contestarme. No quieres que tus hijos mueran de ningún modo, tengan setenta u ochenta años. Esta es la naturaleza del ser humano. Si pudieras alargar la vida, la retrasarías de manera ilimitada. Así pues, necesitas estar preparado para algunos hechos sobre la muerte. Necesitas aprender sobre ello antes de verte obligado a aprender por la fuerza. Necesitas aprender sobre la conciencia de la muerte. Así, cuando la muerte llegue de repente, estarás de lo más preparado para tratar con ella.

Uno a veces piensa que la muerte tiene unos hábitos extraños en sus idas y venidas. Normalmente, viene cuando todo te va bien, como a la gente joven con un futuro prometedor, un recién graduado a punto de recibir su título, un empleado a punto de ser ascendido o un empresario prosperando convenientemente. Aquellos que han presenciado muertes repentinas han temblado de miedo. ¿Por qué la gente que quieres muere justo en este momento? ¿Por qué deben morir en el mejor momento de sus vidas? Pensando de manera laica, uno advierte que la muerte es muy injusta. Pero así es la naturaleza de la vida, la que puede visitarte en cualquier momento. Verdaderamente, la muerte no es inoportuna, más bien llega a todas horas. Solo cuando no has aprendido nada sobre la muerte vas a derramar muchas lágrimas de lamentación por dichas muertes. Piensas que la muerte es muy injusta. No viene cuando debería venir, sino que se presenta cuando tú aun no estás preparado.

En verdad, hablando cabalmente, uno debería decir que la muerte no viene y va. Se queda contigo todo el tiempo, desde el mismo momento en que naces. La muerte es el final inverso al nacimiento. Donde hay nacimiento, hay muerte. La muerte está aquí contigo. Cuando sea que no estés atento, la muerte ocurre. Tal y como reveló el Buda:

> La falta de atención, es una manera de morir.
> La atención plena y esmerada,
> es una manera de evitar la muerte.
> Una persona atenta, nunca morirá.
> Una persona carente de atención y cuidado,
> no es distinta de una persona muerta.

UN ERROR PUEDE CAUSAR DESASTRES

El otro día, en una entrevista de radio, se me preguntó si en las escrituras budistas había referencias a algún incidente histórico comparable al desastroso tsunami. Respondí que, ciertamente, las había. Olas similares fueron, en su día, la causa de la muerte de un familiar directo del Buda.

Hacia el final de la época del Buda, el Rey Vidudabha, quien fuera hijo del Rey Pasentikosol, marchó con su colosal ejército a destruir Kabilabasdu, la tierra donde nació el Buda.

La razón de aquella ofensiva para destruir Kabilabasdu, tenía su origen unos años antes. Se remontaba a la época en que su padre, el Rey Pasentikosol, reinaba en el sumamente poderoso estado de Sawatthi, en Kosol. El Rey Pasentikosol era un creyente devoto del Buda, y deseaba a toda costa emparentarse con su familia, así que envió un emisario hacia Kabilabasdu para pedir la mano de la hija del Rey de los Sakyas, o de cualquier otro miembro de la saga real.

La familia de los Shakya era conocida por pertenecer a una raza arrogante, que creían en la pureza y superioridad de su sangre sobre cualquier otra raza en la Tierra. —Esta arrogancia no era diferente de la del propio de Hitler, convencido de la superioridad de la raza germánica—.

Considerándose de sangre pura, los Shakya se llamaban a si mismos Arias o Ariyaka, que significa Noble. Históricamente, los arios eran tanto de piel amarilla como blanca, también eran arios la raza del Cáucaso que migró desde Asia Menor, cruzando desiertos a través de los picos del Hindu Kush, hasta llegar a la cuenca Sindhu. Se impusieron a los residentes locales, los dispersaron, y se apoderaron de casi todo el Norte de la India. Se establecieron en la tierra ahora conocida como India. El origen de los Shakya podría haberse dado tanto en estos caucasianos, como en una tribu mongol que se desplazó hasta la falda de las montañas Himavant, en el norte de la India (hoy en día Nepal) donde se establecieron, convirtiéndose en una importante saga de la antigua India imperial.

En cualquier caso, más adelante, la dinastía Shakya estableció la equivocada visión de creer que pertenecían a la raza más noble de la Tierra, —no diferente de la idea de Hitler que se engañó a si mismo pensando que los germanos eran los arios, la raza humana más pura, hasta el punto de ordenar el genocidio de más de seis millones de judíos, por miedo a mezclarse con ellos y contaminar su sangre aria.

Así era en los tiempos del Buda. Convencidos de la superioridad de su raza, el pueblo Shakya despreciaba a otros pueblos. Incluso el rey Pasentikosol, líder de la superpotencia que mandara a un emisario para pedir la mano de una Shakya real, era indigno a los ojos de un Shakya y no se le concedería jamás tal pretensión, por miedo a que su pura sangre aria pudiera ser contaminada o mancillada. Pero, ocurría que Kabilabasdu era un protectorado, y no estaba en condiciones de ofender a una superpotencia.

Así pues, decididos a no mezclar sus sangres por causa de un matrimonio, los Shakya idearon una farsa y escogieron para casarse con el rey a una bastarda, nacida de una esclava, haciéndola pasar por hija legitima del monarca.

El rey Pasentikosol fue engañado y la tomó como una de sus esposas. Más tarde tuvo un hijo con ella, al que llamó Vidudhaba Kumar. Ni el hijo, ni su padre tenían la menor sospecha de esta trama.

Un día, el príncipe Vidudhaba, decidió visitar a su abuela y a su familia maternas en Kabilabasdu, abandonando la protección de su padre. Sus familiares maternos sabían que ese hijo del Rey Pasentikosol no era de sangre real, sino que tenía sangre de esclavo. Sin embargo, el joven desconocía el secreto y se creía el legítimo príncipe coronado de Sawatthi, de Kosol, una superpotencia por aquel entonces.

Al llegar a Kabilabasdu, Vidudabha Kumar pronto vio que algo iba mal. Su familia materna le recibió con el corazón partido. Vidudabha Kumar estaba perplejo porque la suya era la visita de un príncipe coronado, heredero del estado más poderoso y, sin embargo, no había nadie más que su familia esperándole. Todos los nobles dieron alguna excusa. Solo la joven realeza de linajes lejanos estaba allí para darle la bienvenida, y aun esta fue superficial. Vidudabha Kumar no dejó que este comportamiento peregrino fuera más lejos. No podía hacer nada al respecto, pero se preguntaba: "Pero, ¿por qué? Soy por derecho un príncipe investido. He viajado desde la poderosa tierra de Kosol. Mi padre es el hombre de más alto rango y nobleza de todo Kabilabasdu, emparentado con el pueblo Shakya. ¿Por qué me reciben como si fuese un ciudadano de segunda clase? Hay algo sospechoso detrás de todo esto".

En el baile oficial en su honor, la familia real Shakya, le dio una fría bienvenida, lejos de mostrarse amistosos como deberían. Por esa razón, Vidudabha Kumar se fue antes de que el itinerario previsto para la visita de estado finalizara.

LOS MÉRITOS NO RESIDEN
EN LA CLASE SOCIAL EN LA QUE UNO
HA NACIDO SINO EN SUS ACTOS

De camino a casa, Vidudabha Kumar se detuvo en un lugar de descanso. Ocurrió que, estando allí, su ayudante de repente recordó que se habían olvidado un objeto muy importante en la sala del trono. Se apresuró para recuperarlo. Tan pronto llegó a la sala del trono, donde nadie esperaba su vuelta, se sorprendió viendo a varios Shakyas dando órdenes para que se limpiara con leche pura de vaca el trono donde se había sentado el príncipe Vidudabha.

El asistente se abrió paso discretamente a fin de recuperar el importante objeto olvidado, pero resultó que su inesperado regreso ayudó a desenmascarar una trama de enormes dimensiones que habría de enemistar irremediablemente a los pueblos de Kosol y Shakya. El hombre y la mujer esclavos que limpiaban el asiento con leche no trabajaban en silencio sino que maldecían la causa de su pesada labor, culpando a quien había contaminado el trono. Exclamaban que ese trono había sostenido al hijo de una mujer esclava y que por su culpa habían tenido que hacer la dura labor de acarrear leche de vaca para limpiarlo meticulosamente. Al escuchar eso, el ayudante se enrabietó. Apenas pudo contener su enfado y se apresuró a contarle todo lo que había escuchado al príncipe Vidudabha.

El joven príncipe se quedó perplejo y furioso. Fue como golpear a una cobra en la cola, se sentía como un león despreciado por un ratón. Se levantó y proclamó, alto y claro: "Hoy los Shakyas limpian mi asiento con leche, pero un día prometo utilizar la sangre de sus gargantas para limpiar mis pies". A su regreso a Sawatthi, fue directamente a tener una audiencia con el Rey Pasentikosol y con su madre para obtener la verdad.

Su madre esquivó el asunto durante un rato antes de confesarlo todo. Cuando la verdad vio la luz, el Rey montó en cólera: "Los Shakyas no solo son nuestro estado vasallo, sino que tuvieron la audacia de engañarnos a todos". Ordenó la inmediata supresión de todo rango y status, tanto de la madre Shakya como de su propio hijo, y pasaron de miembros de la realeza a plebeyos. Todavía furioso, el rey Pasentikosol fue a ver al Buda, emparentado con la realeza Shakya, y le informó de todo.

El Buda apaciguó el odio del Rey, hablándole de que uno no debe evaluar los méritos de otra persona por la sangre de su linaje o por la casta a la que pertenece. La valía de una persona reside en su propio ser y no en su raza o clase. Lo importante es cómo vive su existencia y no dónde ha nacido. Si te interesas por los valores de alguien debes preguntarle qué tipo de persona es, no qué apellido tiene. Muchos son los que, aun procediendo de familias de baja alcurnia, han demostrado sus méritos hasta el punto de llegar a convertirse en emperadores.

El sermón del Buda iluminó al rey, y le hizo comprender el Dharma. Su enfado desapareció, al regresar de su estancia con Buda, volvió a restituir con sus antiguos rangos a su hijo y a la madre de éste.

Sin embargo, aunque el rey Pasentikosol ya no sentía odio gracias al iluminador *dhamma,* que le liberó de sus engaños acerca de la raza y el linaje, el joven y beligerante príncipe Vidudabha seguía albergando rencor. Lo guardó en su corazón y esperó una venganza a sangre fría.

Cuando, más tarde, fue investido como Maha Uparaj de Sawatthi, en Kosol, seguía rogándole a su padre que le permitiera arrasar Kabilabasdu por completo. Su padre se negaba por consideración al Buda, y también porque él mismo se había convertido en un Iluminado en el nivel *sotapanna* (el nivel más bajo de Iluminación). Un *sotapanna* no emprendería jamás una guerra genocida contra ninguna raza. Su inclinación hacia el engaño de dañar a los demás había sido prácticamente erradicada. Su corazón estaba lleno de amor y buenos deseos hacia todas las criaturas, no albergaba ya sentimientos de venganza.

Finalmente, viendo que su padre no aceptaba su persistente demanda, el Maha Uparaj Vidudabha tomó las riendas del asunto. Con meticulosa frialdad, echó del trono a su padre y usurpó el poder del viejo rey proclamándose a si mismo nuevo gobernante. El rey destronado se fue al exilio y murió en la pobreza a las puertas de Magadha (Bihar). Con el poder absoluto en sus manos, el Rey Vidudabha levantó un poderoso ejército de varios cientos de miles de soldados para vengarse de los Shakyas.

Buda había previsto estos movimientos políticos así que, cuando el Rey Vidudabha llevó a su ejército hacia la frontera de Kabilabasdu, él apareció para detener la lucha. A medida que el ejército de Vidudabha se acercaba, el Buda permaneció sentado bajo un gran árbol. Cuando el ejército, en plena marcha, se dio cuenta de que aquel monje budista sentado bajo el árbol era el mismo Buda, el Rey Vidudabha se sintió obligado a mostrar deferencia y ordenó al ejército que se retirara.

LA AMENAZA DE LA NATURALEZA ES MALA PERO LA AMENAZA DE LA MENTE, ES PEOR

No mucho tiempo después, los deseos de venganza volvieron a arder en el corazón del Rey Vidudabha. Marchó otra vez con su ejército y, como en la anterior ocasión, el Buda acudió para salvar a sus familiares. Solo que esta vez se sentó debajo de un árbol con apenas follaje. Los rayos de sol caían sobre Él y le hacían sudar hasta quedarse empapado, y ello a pesar de que justo a su lado había un árbol con una buena sombra. Al aproximarse, el Rey Vidudabha vio que el budista solitario de debajo del árbol era el Buda. Se acercó a Él y le preguntó que por qué se sentaba bajo aquel árbol sin sombra, cuando había otro mejor justo a su lado.

Esta fue la respuesta del Buda: "Estar sentado en un árbol sin hojas, bajo el sol abrasador, es bastante insoportable, pero estar bajo la sombra protectora de un familiar que no siente ningún lazo que le una a su familia, quema todavía más". Esta enseñanza estaba en consonancia con el siguiente proverbio:

> Una persona que te ama, aun no siendo de tu misma sangre, es como tu familia. Una persona que te quiere mal, aun siendo de tu misma sangre, es como un extraño.

Una relación de sangre que no se siente como próxima, es poco fiable, es como tratar con un extraño, como con un familiar que no protege a la familia. La razón por la que el Buda se sentó bajo aquel árbol deshojado, era hacerle entender al Rey Vidudabha que la sombra de un familiar es mucho más protectora, cientos y miles de veces más protectora que cualquier otra sombra. En otras palabras, Él quería recordarle al Rey Vidudabha el parentesco innegable entre los pueblos de Shakya y de Kosol. Las gentes de Shakya y de Kosol eran como hermanos que compartían la misma ascendencia sanguínea. El Rey Vidudhaba pronto se dio cuenta del mensaje simbólico que le transmitía el Buda. Y como ya había ocurrido antes, ordenó la retirada.

El fuego natural puede ser extinguido con agua suficiente. El fuego del odio, sin embargo, no puede ser sofocado si no es con el *dhamma*. Este fue el caso del Rey Vidudhaba. El fuego de su propio odio le había quemado y carbonizado por dentro, le resultaba difícil curarse y volver a ser quién era. Por ello, a pesar de que el Buda extinguiera su fuego en dos ocasiones, su largo rencor contenido no se extinguió de manera definitiva. Era como fuego candente esperando a expandirse, y cuando vio el momento de hacer la guerra, marchó otra vez hacia Kabilabasdu.

Esta vez, sin embargo, la ruta para llevar a cabo sus malvadas acciones estaba despejada. En el camino no se encontró con el Buda. Se preguntaba por qué esta vez el Buda no intervenía. De hecho, Buda no pasó por alto la calamidad que se estaba a punto de cometer. No abandonó a Su familia a manos de su destino. Al contrario, hizo todo lo posible para remediar la situación. Sin embargo, supo que ese tercer ataque sobre Kabilabasdu no podría pararlo ni un Iluminado como Él. La razón del inevitable destino de Su familia tenía su origen en "la ley del *kamma*".

Vio que lo que pasaría seguiría su curso según "la ley de retribución" –en la que los actos intencionados producen su efecto a su debido tiempo. Se distanció con ecuanimidad, es decir, se colocó en una posición neutral respecto a ambas partes, ni apoyaba ni estaba en contra. Permaneció distanciado y comprendió.

Ahora podemos ver aquí cual sería el punto de vista del *dhamma* –ecuanimidad o distanciamiento–, es decir, antes de distanciarse de alguien o de una situación, uno debe intentar utilizar el buen juicio y prestar su ayuda lo mejor que pueda. Solo cuando uno ve que intervenir está más allá de su alcance, debe colocarse a cierta distancia. Esto no significa que cuando veas a otros pasando por problemas no debas interesarte por ellos bajo el pretexto: "Me estoy distanciando". Distanciarse de este modo, sin hacer ningún esfuerzo por actuar, es un distanciamiento necio que nada tiene que ver con practicar el *dhamma* de la ecuanimidad o el distanciamiento.

Con el Buda a cierta distancia, el rey Vidudabha marchó con su ejército para cometer un genocidio contra el pueblo Shakya. Toda la población –incluidos los niños, mujeres, recién nacidos y gente mayor– sería arrasada sin dejar ni un solo superviviente. La raza Shakya desaparecería de la faz de la historia.

Es verdad que algunos historiadores dicen que la guerra genocida no destruyó a todos los Shakyas. Como mínimo el Buda y un número de monjes, hombres y mujeres del linaje Shakya, quedaron intactos. Sin embargo, aquellos supervivientes eran Iluminados. Después de su muerte, los Shakyas habrían desaparecido de todas maneras. Esta guerra fue, por lo tanto, el final absoluto de la estirpe Shakya.

Según las escrituras budistas, el rey Vidudabha cumplió la promesa que hiciera delante de sus soldados, logró cortar las gargantas de los principales miembros de la realeza Shakya, y utilizó su sangre para limpiarse los pies. Cuando hubo culminado su venganza, retiró a su ejército. Desde entonces, todo lo que quedó como testimonio de la ciudad de Kabilabasdu fueron el suelo y la hierba. Por más que los arqueólogos británicos excavasen, no encontraron más pruebas que restos de ruinas desmenuzadas.

El rey Vidudabha regresaba con su ejército exultante, tras su rotunda victoria. Se acercó al margen de un gran río, y ordenó a su ejército que acampasen para descansar. Cenaron y bebieron vino, con el espíritu levantado. Luego se fueron a dormir a la orilla del río. Poco se imaginaban el terrible peligro que se cernía sobre de ellos. Estaban demasiado emocionados con sus heroicas acciones del día anterior.

Ya tarde, aquella noche, algunos que nunca habían tenido un *kamma* recíproco con los Shakyas, se sentían tan incomodados por los insectos cerca del agua, que decidieron subir más arriba y alejarse de la orilla, mientras que los soldados que habían odiado a los Shakyas permanecieron en ella tranquilamente.

En mitad de la noche se levantó una enorme ola, cuyo origen se desconoce, desbordando la orilla con una enérgica corriente que se llevó por delante al ejército del rey Vidudhaba. Todos perecieron arrastrados por la corriente, sin importar su rango, casta o clase, fueran nobles o plebeyos, generales y capitanes o soldados rasos. No se salvó ni una sola vida.

Bajo mi punto de vista, estas olas enormes o tsunami, ya han tenido lugar antes de ahora. Afectaron incluso al linaje directo del Buda, y estaban más allá de Su poder. Cuando la naturaleza se desata, nada puede detener su curso, incluso los Iluminados deben aceptarlo. Cuando la ley de la retribución kármica tiene lugar, también el Buda debe retirarse. Los humanos cometemos un terrible error al intentar someter a la invencible naturaleza.

Algunos dicen que Dios le permite al hombre explotar la naturaleza. Esto es lo que crea la ilusión, generación tras generación, de que la naturaleza puede ser dominada, tanto es así, que los países desarrollados continuamente lo están intentando. Sus científicos no cejan en su empeño de refrenarla, convencidos de que Dios creó la naturaleza para servir al hombre. El budismo nunca ha dicho algo semejante. Según el budismo, el hombre es Uno con la naturaleza. El ser humano no debería se tan temerario de creerse capaz de superar a la naturaleza, sino aprender de ella.

La anécdota nos dice que el tsunami ocurre porque la naturaleza actúa. Otros aspectos del acontecimiento pueden ser explicados desde el punto de vista de la ley del *kamma*, capaz de producir una muerte masiva. Conocer algunos acontecimientos históricos puede ayudarnos a entender la pena y el dolor que azotó el sur de Tailandia el año pasado a causa del tsunami.

ACEPTAR, APRENDER Y CONVERTIR LAS CRISIS EN UNA OPORTUNIDAD

Cuando ocurre algo terrible, ¿qué podemos hacer en circunstancias extremas? Expondré algunos medios para afrontar la muerte en aquellos casos en que la destrucción es tan elevada. Reflexionando sobre ellos, los amigos y las familias de las víctimas pueden enfrentarse a la desgracia sin sucumbir ante el dolor: pueden prepararse para relacionarse con los acontecimientos.

Hacer frente a la realidad con atención

Este método propone aceptar la desoladora realidad cuanto antes. Si no la reconoces, si sigues velándola, si permaneces en la negación del hecho, si te engañas diciéndote que los que se han marchado han ido a un viaje del que van a regresar en poco tiempo, el sufrimiento de la separación será severo, será como sentir una aguja punzándote el corazón. Pero, continuar negándote a la realidad, será como si una segunda aguja te perforara una y otra vez porque, a la larga, no serás capaz de seguir engañándote a ti mismo. Engañarse uno mismo causa un sufrimiento penetrante. Porque no puedes evadir el hecho que los que se han ido, se han ido y no volverán. Si en lugar de aceptarlo, sigues lamentándote. Será como si con la segunda aguja trepanaras en el mismo lugar una y otra vez, incrementando tu sufrimiento.

> *Primero*, sufres a causa de la separación de los seres queridos.
> *Segundo*, sufres a causa del autoengaño.

Por otra parte, si reconoces el hecho de que tus seres queridos han desaparecido y no te apartas de la realidad, dicha aceptación redefine tu mente. Tu mente estará abierta para aceptar lo ocurrido. Desarrollarás atención. Sin aceptación, carecerás de ella. Cuanto más rápido aceptes la verdad, más pronto te aislarás del ciclo de sufrimiento y recuperarás tu equilibrio.

Comprender la vida

Debes aprender. Concéntrate y contempla lo que ganas con lo ocurrido. El otro día escribí un poema que acaba con un adagio budista:

Ajjeva kiccamatappam ko jañña maranam suve

Actúa lo mejor que puedas hoy porque
¿quién sabe si la muerte va a venir a ti mañana?

Este adagio budista te avisa para que vivas atento tu vida. Significa que, en circunstancias normales, debes evitar el descuido. Delante de una crisis de tales dimensiones, como la muerte de tantos seres queridos en el tsunami, ¿Qué debes hacer? Debes ajustar tu mente para "aprender sobre la verdad de la vida" y comprenderla. Hay cinco principios que deben ser observados:

1. Todos los hombres deben envejecer. Nadie puede evitar la vejez.
2. Todos los hombres deben sufrir alguna enfermedad. Nadie puede evitar el sufrimiento de la enfermedad.
3. Todos los hombres deben morir. Nadie puede escapar a la muerte.
4. Todos los hombres deben separarse de los seres u objetos queridos. Nadie puede evitar la separación
5. Todos los hombres tienen su propio *kamma* individual. Cualquier acto intencionado que cometas, bueno o malo, te hará receptor de sus consecuencias.

Estos principios son las verdades de la vida. Aprende las reglas y cánones a los que debes atenerte, profundiza en ello y compréndelo. Me extenderé un poco más para que quede claro.

a. Principio número uno

Envejecer: Todos los hombres están sujetos al envejecimiento. Algunos pueden argumentar que esto no siempre es así. ¿Cómo puede todo el mundo envejecer? Algunos bebés mueren antes de envejecer. Sin embargo, ya han envejecido. Una vez han sido concebidos en el útero de su madre, el proceso del envejecimiento empieza. El tiempo en el que crecen dentro del útero, o una vez han sido expulsados, es definido en el sentido mundano como crecimiento, pero en el *dhamma* es considerado declive. El ser decae desde el mismo momento en que es concebido. Despegar desde ese punto de partida que es la concepción en el útero, para desarrollarse hasta convertirse en un humano completo, significa que ya ha habido un envejecimiento en su existencia.

Algunas veces, un término común puede entrar en contradicción con este concepto, como cuando se dice que los bebés "están en edad de crecer". La palabra *edad,* ya se explica sola. Para decir edad, en lengua Pali, se utiliza la palabra *vaya,* que significa envejecer o decaer. Algunas veces, nos dirigimos a los bebés por su aspecto (*rupa*). Por ejemplo, un bebe rollizo, rechoncho, largo… Literalmente *rupa* significa descomposición. Es obvio que nuestro lenguaje común oculta mucho *dhamma* en su interior. Por lo tanto, a partir del momento en que el ser humano empieza su viaje en la vida, desde el principio, desde su concepción, comienza a envejecer.

En términos mundanos, diríamos que empezamos a envejecer a los cincuenta, cuando el cabello se vuelve cano. Pero el criterio budista tiene un sentido diferente en relación al envejecimiento. El envejecimiento se mide desde el principio mismo de la vida; el principio se ve como el primer paso hacia el envejecimiento. Desde el punto de vista del *dhamma,* los recién nacidos ya han envejecido y todos los hombres nacidos en esta Tierra, jóvenes o viejos, niños o adultos, están sujetos al inevitable envejecimiento.

Esto son dos tipos de envejecimiento: el latente y el patente. El primero es envejecer aun sin parecer viejo, así se define en términos budistas. El segundo es envejecer de manera sensible y notable, es volverse decrépito, anciano, perder fuerza, perder memoria, tener el cuerpo arrugado, el cabello gris y perder los dientes. Ambos tipos de envejecimiento afectan a cualquier persona. Algunos solo sufren la primera etapa porque mueren jóvenes, mientras que otros pasan a través de la juventud hasta que alcanzan la tercera edad, y sufren ambos tipos de envejecimiento. Sin embargo, el principio según el cual todos los hombres están sujetos a envejecer es ineludible. Aunque uno no llegue a la edad de la vejez, no podrá evitar envejecer de otro modo.

b. Principio número dos

Enfermedad (Dolor): Todo el mundo está sujeto al dolor o la enfermedad, externa e interna, física o mental. El dolor físico se llama *dukka* (sufrimiento) mientras que el mental es llamado *domanasa* (aflicción). El dolor físico es causado por la enfermedad, síntomas patológicos o accidentes, mientras que el mental es causado por la pena, la frustración, la envidia, el complejo de inferioridad o de superioridad, la soledad, sentir el corazón partido, la decepción, la separación, la pérdida del orgullo, la falta de confianza, etc… Todo el mundo debe experimentar algún dolor físico, intenso o moderado, así como sufrimiento mental. Es posible que encontremos a alguien que nunca haya caído enfermo, pero es prácticamente imposible encontrar a alguien que no haya sufrido mentalmente.

Una vez leí un libro de literatura china, cuyo personaje principal se llamaba Chao Yun. Supuestamente, no le tenía miedo a nada, ni a la misma muerte. Fuera cual fuera el arma con la que combatían sus enemigos, les desafíaba. Chao Yun no tenía miedo. Lanzas, espadas, sables de todo tipo le atacaban desde todas las direcciones y Chao Yun respondía luchando, contraatacando, hasta vencerles. Todo el mundo estaba convencido de que no le tenía miedo a la muerte. Y, sin el miedo a la muerte, ¿qué podía intimidar a una persona como Chao Yun? Un día, Kung Ming, quiso probar si era verdad que Chao Yun no le tenía miedo a nada en la Tierra. Escribió una pequeña nota en un trozo de papel y se la dio en mano. Justo después de leer la nota, Chao Yun palideció y tembló aterrado ¿Qué fue lo que escribió Kung Ming que hizo temblar a aquel hombre sin miedo? Kung Ming había escrito la palabra: Enfermedad. Chao Yun no le tenía miedo a la muerte pero no podía evitar sentir temor ante la posibilidad de caer enfermo.

¿Por qué en la mente de Chao Yun creaba mayor temor la palabra enfermedad (dolor) que la propia muerte? Porque la enfermedad puede durar más que la muerte. A Chao Yun le asustaba más el sufrimiento que la muerte. En la enfermedad, tus ojos pueden quedarse ciegos. Puedes prácticamente asfixiarte cuando tienes un simple resfriado. Algunos tienen una dolencia incurable como el cáncer. Algunos puede que tengan una enfermedad crónica como la tuberculosis o una enfermedad terminal como el sida. Los que padecen estas dolencias puede que sufran un largo tiempo antes de morir. El sufrimiento erosiona y corroe la mente de estos pacientes. Algunos puede que teman tanto al sufrimiento que lleguen a suicidarse para escapar de la enfermedad. Este era el motivo por el cual la enfermedad asustaba tan terriblemente a una persona valerosa como Chao Yun.

No obstante, la enfermedad tiene su propio beneficio intrínseco porque cada vez que uno cae enfermo, goza de un tiempo para pensar. Uno se da cuenta de que es un aviso que te hace ver el valor de la vida. Te advierte de que no debes ser descuidado e inatento y, puede incluso hacer que te des cuenta de lo que pasa por la mente de quienes te rodean. Puede hacerte ver cuánto te quieren. Para algunos, la enfermedad puede significar prepararse para el futuro. Por ejemplo, si un ejecutivo cae enfermo, puede que haga planes para constituir la próxima generación de ejecutivos. Si el líder de un país cae enfermo, su enfermedad puede provocar que vire hacia una política más creativa, mirando hacia delante con nuevos planes, por miedo de que sus días estén contados y no le dé tiempo a ganarse un sitio para la posteridad. Si un sabio cae enfermo, puede que ello le estimule para crear su obra maestra antes de dejar el mundo. Estos beneficios derivados de la enfermedad, fomentan una mejor calidad de vida. La enfermedad no es, por lo tanto, totalmente carente de valor.

La enfermedad es inevitable. Incluso el Buda cayó enfermo. Parece ser que tenía una dolencia crónica que le causaba diarrea. Presumiblemente era enterocolitis, consecuencia del largo ayuno que mantuvo durante Su propia mortificación, en el vano esfuerzo por alcanzar el *nibbana* a través de métodos ascéticos. Otra dolencia que le afectaba era el dolor de espalda. Estos dos males le incomodaron mucho al llegar a una edad avanzada. Sin embargo, Él se mostró imperturbable ante el sufrimiento, imponiéndose ante el dolor, ignorándolo. No como la mayoría de los mortales que cuando enferma, gime y llora vencido por el dolor.

c. Principio número tres

La muerte: Todo el mundo está sujeto a la muerte. Debemos morir indiscriminada e inevitablemente. Nadie puede escapar de la muerte por más que lo intente. Es un final fatal, pero nadie puede evitar que la muerte se acerque. Esta es la gran verdad de la vida. Como resultado, la gente llora a los fallecidos.

Pero si lo ves con el ojo del *dhamma*, te darás cuenta que así debe de ser —*ayan dhammata* en Pali significa, *esto es así*. Se trata de un acontecimiento común. Si ves a alguien morir delante de ti y eres capaz de darte cuenta de que es un hecho común, nada peor podrá afectarte. Debes entender la muerte como un acontecimiento común. No hay nada nuevo al respecto. Los hombres de cada nación, lenguaje, religión y cultura deben pasar por ello más tarde o más temprano.

Buda utilizaba otro término para este principio de la vida, que es la muerte: *Tathata,* que significa, *es lo que es.* Si comprendes el mundo y la vida plenamente te das cuenta de que ninguna de las cosas que se manifiestan en la Tierra, con variedad de formas y acontecimientos, son nuevas. Nada en el mundo pasa por primera vez. Solo nosotros, los humanos, somos ingenuos e inexpertos. Vivimos en este mundo, sin embargo, no somos conscientes de sus idas y venidas. Así que nos excitamos, nos afectamos y nos emocionamos, debido a su evolución. Pero si estamos dentro, si comprendemos el *dhamma* profunda y concienzudamente, ocurra lo que ocurra, vamos a contemplarlo con una visión imperturbable. Podremos decirnos a nosotros mismos que las cosas *son como son.* Ya eran así antes, lo serán durante el tiempo en que nosotros estemos en el mundo, y así serán siempre.

Las personas que entienden la verdad de la vida pueden vivir en el mundo como pez en el agua, o como pájaros en el cielo. Son activos, ágiles, de ánimo alegre, no se detienen ante las complicaciones. Viven como si caminaran por la Tierra dando un paseo placentero, sorteando todas las circunstancias.

Una historia antigua explica como Visakha lloró y gritó por la muerte de su hijo. Pidió una audiencia con el Buda, quien le preguntó por qué lloraba. Su respuesta fue: "mi hijo está muerto". Él le preguntó cuantos hijos tenía.

Tenía muchos hijos, treinta y dos para ser exactos. Cuando sus hijos caminaban a su lado, la gente no podía distinguir si ella era la madre o una de las hijas. Permanecía tan hermosa como cuando era joven. Visakha y sus hijos habían construido un templo dedicado al Buda. Al finalizar, todos bailaron con espíritu alegre alrededor del templo, y los monjes no podían decir cual de ellos era Visakha. Ella y sus treinta y dos hijos cantaron y danzaron jovialmente, felices por el gran mérito de haber construido un templo en homenaje al Iluminado. Nadie supo distinguir cual de ellos era la madre. La anécdota, ciertamente, da fe de la belleza incomparable de Visakha y de la juventud que aparentaba.

Cuando fue a verle, el Buda le preguntó cuantos hijos tenía. Si tenía un solo hijo, se suponía que debería llorar una sola vez. Con dos hijos, ¿dos veces? Con tres, ¿tres veces? Pero, y si tuviese cien hijos, ¿debería llorar cien veces hasta que sus lágrimas inundaran toda la ciudad? Entonces, ¿por qué lloraba? Seguía teniendo muchos hijos a los que cuidar. Estas fueron las palabras del Buda. Al oírlas, Visakha dejó de lamentarse porque comprendió la verdad de la vida.

Otro caso. Pathacara perdió a su esposo y a sus dos hijos. Regresó a su hogar en busca del consuelo de sus padres. Cuando llego al pueblo, preguntó por ellos, pero los transeúntes señalaron al cielo y le preguntaron si no veía las llamas en lo alto. La noche anterior los relámpagos cayeron en la residencia de un millonario. La familia del millonario, que eran los padres y hermanos de Pathacara, murieron calcinados por los relámpagos y la casa entera ardió. Todos los vecinos tuvieron que echar una mano para poder recuperar los cadáveres. Sorprendida por la noticia, Pathacara se hundió. No pudo aguantar la compostura. Rota de dolor, enloqueció al instante.

Una persona que no se ha adiestrado con la verdad de la vida para encarar estás calamidades, es probable que acabe así. La persona no es inmune al sufrimiento. Delante de un dolor y un sufrimiento tan severos, está sometida a dos opciones: Una es quedar devastado. Otra es no ser capaz de soportar el dolor y caer en el histerismo y la enajenación. Algunos pueden volverse locos por el resto de sus vidas.

Pero tan pronto Pathacara vio al Buda, él le habló. Con unas pocas frases, recuperó la conciencia y se curó de su locura. Comprendió la naturaleza de la muerte. El Buda abordó la cuestión diciéndole que todas las lágrimas derramadas a lo largo de todas sus vidas por la pérdida y la separación de su familia eran más abundantes que el agua de los océanos. En cada una de sus vidas, había llorado como lo estaba haciendo ahora. ¿Seguiría llorando eternamente? De repente, se dio cuenta de que si seguía llorando, se condenaba a seguir haciéndolo hasta el infinito. Finalmente, contempló las palabras de Buda y entendió la naturaleza de la vida. Con aquél convencimiento, pidió ser ordenada monja.

Un día, la monja Pathacara se estaba lavando los pies en una fuente. El fluir del agua era intermitente. El chorro se cortó después de llenar el primer cubo, y después del segundo, y también después del tercero. Entonces el agua se detuvo por completo. Y ella se dio cuenta de que la vida humana, después de haber nacido y haber vivido brevemente la vida, puede cesar. Igual que el agua, que fluye un rato y luego se detiene (para los que mueren en la etapa inicial de la vida). Algunos puede que entren en la edad adulta y mueran, como el segundo cubo de agua (mueren en la etapa media de la vida). Algunos puede que lleguen a morir de viejos, como el tercer cubo (mueren en la etapa final de la vida). Finalmente, ella comprendió el *dhamma* final, a partir de la analogía del agua que fluye hacia el suelo en tres etapas diferentes. Lo contempló y se Iluminó como un *arahant*, acabando así con su permanente sufrimiento.

Otro caso es el de Kisagotami. Su hijo murió cuando aun era un bebé. Ella no podía aceptar su pérdida. Cargaba con el hijo muerto fuera donde fuese, hasta que se pudrió en su pecho. No lo abandonaría. Un día, alguien sintió lástima por esa mujer que se comportaba como una loca y la llevó a ver al Buda. Ella le preguntó si tenía un remedio para la muerte de su hijo. ¿Podía hacerlo regresar a la vida? A lo que el Buda respondió que tenía métodos para poder hacer regresar a alguien de la muerte, pero ella debía traerle semillas de lechuga de una casa donde la muerte nunca hubiera entrado.

Kisagotami cogió a su hijo muerto, en avanzado estado de descomposición, y se fue casa por casa a través de la ciudad. En cada casa, se detenía a preguntar si había habido alguna muerte en la familia. Se encontró con que todas las casas habían sufrido alguna que otra pérdida sin excepción. Finalmente, comprendió que la semilla de una lechuga podía encontrarse con facilidad, pero era imposible encontrarla en una casa dónde la muerte no les hubiese arrebatado a algún familiar. Kisagotami utilizó entonces este principio para aprender que la muerte no le había afectado solamente a ella sino a la ciudad entera. Nadie goza del privilegio de poder esquivar a la muerte. La muerte es un hecho común en la vida. Si todos los hombres están sujetos a la muerte, ¿por qué ella se negaba a aceptarlo? De repente, los principios del *dhamma* brillaron tan radiantes en su corazón que, imperturbable, aceptó la verdad.

Esta vez no esperó a que nadie le dijese que debía abandonar al hijo que llevaba entre sus brazos. Ella sola lo dejó gracias a su iluminada conciencia. Aceptando la verdad de la vida, abandonó la locura y fue a ver al Buda. Pidió ser ordenada monja y practicó el *dhamma* diligentemente, hasta alcanzar el *nibbana* como *arahant*. Era una mujer plebeya, que nunca tuvo una educación monástica, filosófica o religiosa, pero que entendió las verdades últimas de la vida y se convirtió en una gran sabia, experta en los principios del *dhamma*. El Buda la designó como una autoridad en los principios *dhammicos* referentes a las monjas. Se convirtió en una especie de legisladora de los temas que concernían a las monjas.

Evidentemente, tener que hacer frente a las muertes que ocurren a nuestro alrededor puede que haga que alguno de nosotros *comprenda* el mundo y la vida misma. Si posees un minucioso entendimiento del sufrimiento que causa la muerte, ya no puede afectarte más. El sufrimiento golpea, pero no hay allí una persona afectada. El sufrimiento está merodeando a tu alrededor, pero no puede alcanzarte. Este es un bonito aspecto de la muerte y el dolor asociado a ella, que te impulsará a despertarte, a enmendar tus visiones y, por último, a elevarte por encima de la muerte y el sufrimiento.

d. Principio número cuatro

Separación: Todos los hombres están sujetos a la separación de los seres queridos y de los objetos. Si ellos no te dejan, vas a ser tú quien lo haga. El budismo enseña otro principio en la vida *–donde hay apego, hay sufrimiento.*

Se suele argumentar que esto no es así. Donde hay amor, hay felicidad. Una persona hace un razonamiento válido porque ha tenido un matrimonio exitoso. Ha vivido felizmente con su mujer durante muchos años. Le pregunto si se atreve a mantener esta aserción hasta el final del año. No se aventura a afirmarlo. Le digo que la razón por la cual siente que el amor es positivo, o que donde hay apego, tiene que haber felicidad (al contrario de lo que dice el Buda) es porque no ha llegado lo suficientemente lejos en su existencia. Una vida depara muchos acontecimientos que desconocemos, de los cuales vamos a tener que aprender. No puedes precipitarte, ni avanzar conclusiones.

La persona que amas y ves perfecta hoy, puede no parecerte igual mañana. Las manos que te cuidaron ayer, pueden golpearte duramente mañana. Del mismo modo, puede que a quien hoy más amas, sea a quien más odies en el futuro. La vida no es una película con un final feliz, ni es agua en un vaso cuyo fondo es transparente. Por muy complejos que te parezcan el mundo y la sociedad, debes saber que la vida es muchísimo más complicada.

Una vez leí una entrevista en un semanario. La mujer se quejaba de su esposo, decía que antes de casarse, cuando salían juntos a cenar, podía estar mano sobre mano pues él no dejaba de dedicarle atenciones. Pero después de haberse casado y tener su primer hijo, no tenía manos suficientes para afrontar todos los problemas en que le había metido su marido. Una persona querida puede convertirse en una fuente de problemas en tan solo un año. Ella resistió las penurias tratando de ser una buena esposa durante seis años. Finalmente, su matrimonio se desmoronó. Tu amor está condenado a la separación más tarde o más temprano; si no es una separación civil, quizá sea un motivo aun más agrio, o la propia muerte la que os acabe separando. Algunos no se separan a causa de la muerte física sino porque han muerto en el corazón del otro.

Por lo tanto, cuando debas separarte de alguien a quien amas, piensa que el Buda te ha estado avisando durante mucho tiempo. Poseas lo que poseas, lo perderás al final. Aquello que tienes, en un sentido mundano, te hace creer que eres su dueño pero, en un sentido *dhammico*, tus posesiones te esclavizan. Todo lo que crees que posees, te posee a ti y, finalmente, tanto lo que posees como lo que te posee, deberás abandonarlo. Nada ni nadie posee algo o alguien para siempre.

Cuando vas a un funeral, ves en el ritual de ablución que las manos de los fallecidos están abiertas. Esto simboliza que, en la muerte, no puedes llevarte nada contigo. Ni tu aliento, que es ligero y liviano, puede ir contigo. Y, ¿quién puede escapar de verse separado de sus seres queridos y de sus posesiones? Es muy recomendable dejar que la muerte enseñe a los vivos, que resuene en ellos. Pero entendiendo la verdad que encierra.

e. *Principio número cinco*

Kamma (acciones intencionadas), o la ley del *kamma*: Todos los hombres tienen su *kamma* respectivo en dependencia de lo que han hecho con anterioridad, sea bueno o malo. Estamos todos obligados a recibir las consecuencias de nuestro karma.

Los hombres están inmersos en el ciclo del nacimiento y la muerte reiteradamente. Es muy raro que se produzca un encuentro. El Buda compara las posibilidades de encontrarse en esta esfera humana a dos troncos de madera partidos, que va errando por la superficie del mar. Un día estos trozos chocarán uno con otro, pero volverán a separarse quien sabe por cuánto tiempo. Del mismo modo, en un momento dado de la vida, alguien se cruza en tu camino y desaparece.

Para nada es coincidencia. Todo en la vida tiene sus idas y venidas. Nada ocurre por mera casualidad, sino que todo es gobernado por una ley natural llamada *kamma* o ley del *kamma* (los actos intencionados son el principal motor que mueve las vidas humanas.)

En nuestro día a día, algunas personas parecen no significar nada, sin embargo, coincidimos. Cosas que parecen improbables, ocurren. Algunos se enamoran perdidamente a pesar de ser totalmente conscientes de que el objeto de su amor está más allá de su alcance. Como se describe en el poema del Rey Vajiravudh;

> Si aspiras a algo que está más allá de tu alcance,
> ¿Lo lograrás sin escalar?

Algunos individuos parecen tener este poema grabado en la mente, e intentan escalar aun viendo la imposibilidad de obtener resultados. Sin embargo, lo intentan. Se debe a su propio *kamma*. Esta atracción está influenciada por las existencias pasadas, encuentros y romances ya vividos. Incluso sabiendo que la persona que amas pertenece a otra, estás dispuesto a caer en el fuego de la perdición empujado por el *kamma* que dirige tu trayectoria como una brújula.

La ley del *kamma* es algo que no debemos olvidar. Sabemos de otras leyes, como la ley de la gravedad, la ley de la relatividad y la ley de evolución, pero no tenemos en cuenta la verdad última de la ley del *kamma*. Los científicos han intentado buscar respuestas para clarificar este asunto, pero no han encontrado pruebas evidentes. Las leyes que rigen los campos magnéticos y las fuentes de energía en física han sido explicadas prácticamente al completo, pero, si hubiera alguien capaz de explicar la ley del *kamma* tan claramente como lo han hecho los científicos enseñando sus descubrimientos al mundo, esta persona sería merecedora del Premio Nobel.

Muchos científicos del mundo han intentado penetrar en las verdades del ciclo del nacimiento, la muerte y la reencarnación como parte de la ley del *kamma*. Trabajan duro en la materia, para llegar a desentrañar todos sus misterios, pero siguen teniendo pocos resultados. Lo mejor que han podido hacer los científicos es hipnotizar a un sujeto y hacerle retroceder hacia sus vidas anteriores, incluso cientos de vidas atrás. Sin embargo, la ley del *kamma* permanece en la oscuridad para los científicos de hoy en día.

Para nosotros, budistas, la ley del *kamma* es un tema familiar en el cual basamos nuestras creencias. Aplicándolo al incidente provocado por el tsunami, se hace evidente que la ley del *kamma* existe, sin duda. Algunos hacen planes para viajar en un grupo de tres. Justo antes de embarcar en el avión, uno de ellos tiene un asunto de negocios muy urgente que atender sin falta, así que regresa para ocuparse del tema. Una familia de cinco viajan juntos. Todos van a bañarse al mar, excepto uno de los hijos que estaba enfermo. Le dejan solo en la tercera planta del hotel. Cuando todo es arrasado por la gran ola, solo él sobrevive.

En otro caso, un padre había subido a su familia a un cocotero para protegerles. El hijo estaba agarrado al tronco, la madre también, pero un poco más abajo. El padre le gritó al hijo que se sujetara fuerte, que tuviese cuidado. En un solo instante, el chico desapareció ante sus ojos. Por un momento, tuvo el consuelo de que su mujer permanecía amarrada al árbol por debajo de él, pero al mirar para buscarla, ya no la vio. Había sido arrastrada por las olas incluso antes que su hijo. Se concentró en el hijo y descuidó a su mujer durante un instante. Los perdió a ambos. Él fue el único superviviente de la familia.

Hechos así ponen de manifiesto el funcionamiento de la ley del *kamma*, todo pasa como si estuviera ya planificado. Es como si todo ocurriera según un guión. El caso más milagroso fue el de un hombre que aguantó sobre un tronco flotante, vagando por el mar de Indonesia durante once días. Es increíble que sobreviviera a tal calvario.

Algunos, al ver que el agua retrocedía rápidamente, se acercaron a la orilla para recoger a los peces que habían quedado atrapados en la arena, aunque habían visto a los demás huir despavoridos. Estas cuatro o cinco personas fueron tragadas por la siguiente ola mientras estaban juntando el pescado. Los humanos quieren pescar a los peces, y las grandes olas quieren pescar a los humanos. Si esta gente hubiese sido sensible, y estado lo suficientemente atenta, no habrían pensado más en los peces que en sus propias vidas. Habrían reparado en la locura desatada por la Madre Naturaleza y habrían huido. Fueron muy poco inteligentes. Caminaron, mansos, hasta abrazar su muerte. Visto desde la ley del *kamma*, (solo a través de este aspecto encontramos explicaciones) el hecho mismo de que fueran totalmente irracionales es a causa del resultado promulgado por su *kamma* previo.

Ciertamente, la muerte les dio una oportunidad de escapar. El desastre natural no se presentó de repente. Algunas señales habían sido enviadas para avisar. Sin embargo, con gente que no prestaban la menor atención a ellas, la ley del *kamma* siguió su curso. Siguió su curso a pesar del aviso del agua retrocediendo antes de que llegaran las grandes olas. Aquellos que tenían un buen *kamma* almacenado pudieron salvar la vida. No obstante, esto no significa que aquellos que no lo lograron, no lo merecieran por ser malas personas. Simplemente, es que su buen *kamma* de esta vida, no pudo compensar el mal *kamma* acumulado en vidas anteriores. El mal *kamma* acortó sus vidas. Algunos puede que afirmen que mucha gente buena no debía haber muerto en aquel tsunami, muchos de ellos eran incluso pilares de la nación. ¿Por qué murieron tan pronto? En efecto, hicieron muy buenas acciones en esta vida, pero no tenemos modo de saber qué *kamma* habían creado en sus vidas pasadas. Así pues, el Buda nos enseña a ver el *kamma* como algo que es inescrutable o irreconocible. La ley del *kamma* es demasiado compleja, va más allá de la comprensión a través del racionalismo común y la metodología mundana.

Algunos personajes de la sociedad tailandesa despiertan aversión con la simple mención de sus nombres, son comúnmente conocidos por sus actos viles, pero han prosperado.

Escapando al razonamiento común, sus contemporáneos se rinden a la evidencia diciendo: "¿Por qué pensamos que las buenas acciones te devuelven el bien? Hay muchos casos en los que se hace el mal y se reciben beneficios". De hecho, lo que vemos no tiene solo una dimensión. La existencia no consiste en una sola vida. Uno puede explicarlo con la ley del *kamma* –la vida comprende largos y repetitivos ciclos de nacimiento y muerte. Uno nace en esta vida perfectamente equipado pero no tenemos manera de saber la cantidad de buen o mal *kamma* acumulado en vidas anteriores. La vida tal como la vemos ahora, es solo un fragmento de un millón de vidas, en las que uno ha ido naciendo y muriendo a lo largo de ciclos infinitos. Es errado considerar la vida como algo fácil y superficial: no es la suma matemática de 1 + 1 que, según las reglas, debería sumar 2.

Entendiéndolo así, nos equivocaríamos si sacáramos la conclusión de que hacer el bien proporciona buenos resultados (inmediatos) y que hacer el mal revierte en dolor (instantáneo). Sin embargo, con toda seguridad las buenas acciones traerán buenos resultados (definitivamente) y los malos actos, malos resultados (sin lugar dudas). La cuestión es que, el cómo y el dónde, escapan a nuestro dominio. No podemos sacar conclusiones precipitadas. Todas las cosas están sujetas a la causa y el efecto. No son en absoluto lo que uno piensa que deberían ser.

¿Qué o quién en la Tierra dictamina el devenir de nuestras vidas? La respuesta es, la ley del *kamma*. ¿Quién perpetúa las acciones que crean *kamma*? Sin lugar a dudas, nosotros. Para contestar a la pregunta de porqué los que hacen el bien han de morir en dolosas circunstancias, basta remontarnos a los tiempos de Buda. La reina Samavadi, fue una devota seguidora del Buda, era conocida por la dedicación y cuidados que le profesaba al Iluminado. Un día, la reina y otros muchos miembros de su séquito fueron asediados y quemados vivos en su palacio, a pesar del hecho de que ella había alcanzado la primera etapa de la Iluminación y se había convertido en lo que llamaban *que entra en la corriente*.

Su muerte no parecía la apropiada para alguien que había realizado tantas y tan buenas acciones, de las que todo el mundo era testigo. Un escéptico buscó una respuesta del Buda –¿por qué una persona que ha hecho tanto bien no recibe el bien a cambio?

Esto fue lo que le contestó el Buda: "Ella ha hecho muchísimas buenas acciones durante esta vida, pero en la anterior, había nacido como hija de un hombre rico. Se comportó con maldad, y no recibió el resultado de sus actos en aquella vida. Su mal *kamma* la siguió y la alcanzó en la presente". Parece ser que en su vida anterior, cuando fuera la hija de un hombre muy opulento, le ocurrió lo siguiente. Un día fue a darse un baño en el río acompañada de su séquito, después de deleitarse en el agua hicieron un fuego en la orilla para calentarse. El fuego se propagó y quemó todo el bosque. Cuando hubo amainado, se dieron cuenta de que había un monje vagabundo en estado de meditación que había quedado calcinado en la postura de loto; la hija del millonario pensó: "Oh dios mío, nadie fuera de este grupo debe enterarse de este desagradable incidente, de lo contrario seremos linchados. El monje meditador ya está carbonizado, pero su cuerpo no está del todo consumido". Así que sus sirvientes hicieron un fuego alrededor del monje y lo quemaron otra vez hasta reducirlo a cenizas, para no dejar huellas. Después, ella y su séquito volvieron a casa tranquilamente como si nada hubiese pasado.

Mas tarde, aquel monje regresó de su estado mediativo. Se sacudió las cenizas del cuerpo y regresó al monasterio como si no hubiese ocurrido nada. Había permanecido en estado de profunda meditación y el fuego no pudo lastimarle. El hecho de que hubiese resultado quemado la primera vez fue un accidente, y no podía considerarse un mal *kamma* porque no hubo intención. Sin embargo, el segundo fuego fue provocado a conciencia, porque no quería dejar ningún rastro que evidenciase lo ocurrido. La segunda determinación de quemarle fue lo que produjo el mal *kamma* que la siguió para siempre.

Cuando ella nació en los tiempos de Buda, a pesar del privilegio de ser la hija del Rey Udena, de Kosambi, y una cercana benefactora del mismo Buda, no pudo escapar una muerte cruel bajo las llamas. Esto es la ley del *kamma*. Todos los hombres están sujetos a ella. Nadie puede escapar de su retribución.

Respecto a lo que he dicho, podéis ver que algunos acontecimientos de vuestra vida, han sido causados por diversos factores, pero también pueden deberse a causas que proceden de vuestro dilatado *kamma* anterior. Hagáis lo que hagáis, cosecharéis las consecuencias.

EVITA REFLEXIONAR;
MANTEN ATENCIÓN

El tercer medio para tratar con la muerte, cuando te separa de alguien que quieres, es no abrazar el dolor demasiado tiempo. Algunas personas quedan atrapadas por la pena durante mucho tiempo y no la dejan alejarse. Permanecen mortificándose con sus pensamientos, montadas en el tren de esos sentimientos que les llevan aquí y allá. El fallecido se fue hace un año, sin embargo los vivos no pueden superarlo y siguen cayéndose, desmoronándose ante el recuerdo. Nadie puede hablar una palabra sobre el incidente que causó la muerte de su ser querido, todavía siguen negándose a aceptarlo y no pueden tratar con ello. A esto se le llama estar sumido en la tristeza.

Las razones por las cuales mucha gente queda sumida en la pena, negándose a abandonarla son las siguientes:

Uno, el dolor ante el trance y la abrumadora realidad nos cogen desprevenidos.

Dos, el dolor tiene su causa en los propios engaños, es decir, en el funcionamiento de los pensamientos que nos tienen permanentemente distraídos a causa de los mecanismos cerebrales, las ilusiones, y creaciones de nuestra imaginación.

El dolor producido por los propios pensamientos es la base de casi todo el sufrimiento. Vivir la vida siendo capaces de separarnos de este dolor mental, hará que el sufrimiento se vuelva insignificante.

Pero, ¿cómo puede uno escapar del sufrimiento mental? Permitidme que proponga unos cuantos métodos:

Manteneros ocupados.

Si vuestra mente está activamente involucrada en el presente, no tendréis tiempo de distraeros con el pasado o con el futuro. Cuando estás intensamente volcado en algún trabajo, estarás física y mentalmente en el presente, en el ahora. Tu sufrimiento puede que siga ahí pero no será capaz de alcanzarte porque tu mente no estará abierta para ello. Cuando la mente está ocupada, el dolor queda excluido.

Permanece en el presente, recitando oraciones.

Recitar oraciones cada día reforzará vuestras mentes, os mantendrá centrados, atentos y os hará más sabios. Si recibes un duro golpe, no te afectará en demasía. Serás como el atleta que se ejercita diariamente para tener una buena forma física que le hace inmune a los achaques. Cuando recites, tu mente se volverá más fuerte y más enérgica porque tendrás más resistencia ante el sufrimiento. Con una mente saludable, las dificultades causadas por el sufrimiento difícilmente te alcanzarán. Los serios apuros parecerán más ligeros porque la mente estará más fuerte y sana. Recitar oraciones es un buen ejercicio mental. Debéis practicar y hacer de ello un hábito. Enfrentando una crisis, cuando no tienes nada a lo que agarrarte, la oración te calmará, la oración te ayudará a mantener tu concentración y tus meditaciones. Si tienes calma mental, ésta irá seguida de un estado meditativo y atento. Con la ayuda de la atención, la sabiduría crecerá. Cuando tengas sabiduría, verás las soluciones a tus problemas instintivamente.

Practica la meditación del conocimiento.

Si has intentado en vano todos los medios para mantener alejada tu mente de las distracciones, debes encontrar una oportunidad para practicar la meditación del conocimiento. La práctica de la meditación del conocimiento es un medio para dejar tus "ocupaciones mentales" y permanecer completamente absorto en la "pureza de la mente". Si puedes alcanzar este estado, el dolor más severo desaparecerá. Serás capaz de dejar marchar a los fallecidos, y de dejar que partan los que quieren partir. No más especular, no más preocupaciones. Pase lo que pase, no te parecerá inusual. Ni siquiera doloroso. Así es la vida. Lo que te afecta no es el sufrimiento mismo, ni la ley de causa y efecto. Lo que causa el sufrimiento es tu propia mente y su efecto es tu propia ignorancia, que te mantiene atado al pensamiento. El noventa por ciento de aquellos que sufren, lo hacen debido a su propio pensamiento. El diez por ciento restante, sufren realmente. Trata de escapar de la cárcel de tus propios pensamientos y subsiste fuera de ellos, quédate en el presente. Los que se quedan en el presente, con sus mentes siempre morando en el "estado del despertar" conscientes de cada respiración, nunca sufrirán enfermedades mentales, estrés, frustración, odio o agitación de ningún tipo. De ahí que debas entrenarte para permanecer en el presente. Aquellos que viven en el presente tienen una existencia más placentera, aunque deban afrontar una crisis.

EL PRESENTE
ES LO QUE MÁS CUENTA

Vive al máximo.

¿Cómo puedes hacer que tu vida valga realmente la pena? Debes vivir atentamente. Vive tu vida lo mejor que puedas, de la manera que más te llene, vive libremente y morirás en paz recordando: "hoy es el último día de mi vida en este mundo". Si te ratificas profundamente en este concepto, nunca te faltará atención. La gente atenta puede elegir las cosas que hace del mejor modo posible. Tu patrón de vida se transforma. Te convertirás en una persona que piensa, actúa y consume con calidad. Cuando la muerte venga, de repente, sin avisar, no lamentarás haber elegido hacer las cosas del mejor modo posible. Habrás hecho lo mejor que has podido en esta vida. Cada día habrá sido un día perfecto que tú mismo has creado.

Cuando haces de hoy el mejor día de tu vida, cuando tu hoy se convierte en ayer, tu pasado será perfecto. El mejor presente se convertirá en la base para un futuro brillante, lleno de favorables promesas. Si te esfuerzas para hacer de hoy lo mejor, dejas tras de ti un buen pasado y preparas un futuro glorioso. En resumen, cuando tu presente es perfecto, todo lo demás sucederá creando las mejores consecuencias.

Os explicaré un caso que me ocurrió en primera persona. Una mujer enferma con el virus del sida vino a verme, para confiarme su dolor y sufrimiento. Le dije que practicase *dhamma* retirándose a una cumbre remota. Viviendo allí, aislada, tuvo tiempo de leer todos los libros disponibles de *dhamma* y llegó a adquirir un profundo entendimiento de las verdades de la vida. Antes de morir, escribió un libro llamado; "*Contando de Uno a (apenas) Diez*". Más tarde, salieron a subasta los derechos para el cine, aunque el editor no los cedió porqué en el libro salían bastantes nombres.

Antes de eso, le habían diagnosticado la fase terminal de su enfermad y los médicos no le daban más de un año de vida. Nunca antes había leído libros de *dhamma*, había vivido su vida del modo más frívolo —sin dolor ni sufrimiento, sin pensar en el d*hamma*. Una vez se dio cuenta de que estaba tan enferma, se convirtió en una ávida lectora de libros de *dhamma*. Leyó docenas de libros y si no hubiese muerto, habría leído cientos de ellos. Durante su dolencia, practicó *dhamma*. Antes de morir, se convirtió en maestra de meditación para muchas víctimas de su misma enfermedad.

Según ella, si hubiese practicado la meditación del conocimiento un poco antes, su vida hubiese valido mucho más la pena. Fue introducida a esta meditación cuando solo le quedaba un año de vida. Previamente había vivido una vida muy licenciosa, sin darse cuenta del bien que podía hacerle el *dhamma*. Sin el conocimiento, sin ningún interés por el devenir del mundo, vivió su vida sin nada a lo que aferrarse, dejando que el vicio y la tentación la guiasen, conviviendo felizmente con ellos. Hasta que no supo de su inminente muerte, no se afanó por estudiar y practicar el *dhamma* seriamente.

La mayoría de nosotros, si nos enteráramos de que íbamos a morir, experimentaríamos aflicción, pena y sufrimiento. Sin embargo, esta mujer convirtió la crisis en una oportunidad. A través de la conciencia de su mortal enfermedad, se dedicó al estudio del *dhamm*a hasta que lo dominó. Ella superó el severo azote, la mayor crisis de una vida, tanto que pudo declarar de manera audaz que estaba preparada para encarar la muerte cuando viniese. Estaba preparada para vivir o para morir. Cuando ésta fue a buscarla, se abandono a ella sin luchar.

De ahí que, si vives tu vida pensando que cada día puede ser el último, éste día será perfecto. El mejor día vendrá a diario. Si lo consigues, siempre estarás listo para irte cuando la muerte venga. Y si sigues vivo, aprovéchalo. Aunque tuvieras que morir, no tendrías miedo. Estos son los pensamientos que hacen un budista perfecto. Querido mientras vives y añorado cuando mueres. En otras palabras, produces una buena impresión en la gente durante tu vida, y guardan de ti los mejores recuerdos a tu la muerte. Para concluir, me gustaría dejar un proverbio budista en vuestras mentes:

Ajjeva kiccamatappam ko jañña maranam suve

Actúa hoy lo mejor que puedas…porque quién sabe si la muerte vendrá a tu encuentro mañana.

El significado de este proverbio budista es que cada día puede ser el último de tu vida. Si no estás atento, tu último día no será perfecto, pero si en el "hoy" haces lo mejor, el resto de tus días serán excelentes. Animémonos a hacer de cada día el mejor a partir de ahora, antes de que no haya un mañana para enmendarlo.